U0079978

一本讀懂
日本
戰國時代

極簡日本戰國史

【監修】大石學

楓樹林

監修者的話

編撰本書的目的是，從各種場景簡單易懂地介紹、說明日本戰國時代的歷史，並幫助讀者掌握同一時間發生的世界大事。

日本戰國時代是指，在十六世紀左右大約持續一百年的戰亂時代。戰國大名為了在戰國時代生存下來，除了加強軍事和政治力量，壓制領地裡的家臣和農民，避免出現下克上和叛亂的情況外，也和鄰近的戰國大名進行外交、結盟或交戰。

從直接性、短時間的角度來看，決定戰爭勝敗的原因是大名的領導能力和武力強弱，但更加根本的原因是自身領地能夠長時間應付戰爭的「和平」和穩定。而將「和平」和穩定擴大到全國規模的，是拉開戰國時代帷幕的三人——織田信長、豐臣秀吉和德川家康。這三個人最終推翻了以武力解決問題的方式，確立了幕府和藩的國家體制，將武士從鬥爭者轉換為官吏，並為江戶時代長達兩百五十多年的「和平」奠定了基礎。

目錄

戰國時代的國家劃分

陸奧
出羽
佐渡
越後
能登
越中
加賀
下野
上野
常陸
信濃
飛驒
越前
武藏
甲斐
下總
上總
隱岐
伯耆
因幡
但馬
丹後
若狹
美濃
出雲
近江
相模
對馬
石見
美作
丹波
尾張
播磨
三河
安房
備中
伊勢
遠江
駿河
伊豆
備後
安藝
壹岐
長門
大和
淡路
志摩
周防
筑前
豐前
伊予
阿波
肥前
土佐
紀伊
山城
伊賀
豐後
讚岐
備前
攝津
和泉
河內
肥後
筑後
日向
薩摩
大隅

序章

prologue

全世界的戰國時代

室町幕府失去權勢，戰國大名群雄割據，戰國時代是一個極度混亂的時期。新的秩序在這股混亂中逐漸形成，並關係著未來江戶幕府的穩定。

在這個時代，日本並不是唯一面臨變革的國家。其他像是歐洲也爆發了各種戰爭，制度、經濟、宗教和文化，各方面皆出現變動。

一四五三年，東羅馬（拜占庭）帝國遭到鄂圖曼帝國攻陷而滅亡。這是從久遠的時代就一直存在的羅馬帝國從世界上澈底消失的大事件。而鄂圖曼帝國成為大國，掌控東地中海航線，則牽涉到之後由西班牙和葡萄牙主導的「地理大發現」。

十五世紀中期，葡萄牙開始往非洲南部航行、探險，隨著巴爾托洛梅烏・迪亞士（Bartolomeu Dias）在一四八八年抵達非洲最南端的好望角，對葡萄牙而言，開拓印度航線不再只是遙遠的夢想，而是近在眼前的目標。一四七九年建立的西班牙王國也緊隨在葡萄牙之後開拓海線。此外，經歷百年戰爭、玫瑰戰爭，建立都鐸王朝並加強王權的英國也成功進軍海外。

歐洲各國發現新航路和向海外發展後，開始將新大陸殖民地化，例如西班牙人法蘭西斯克・皮薩羅（Francisco Pizarro）在南美洲大陸消滅印加帝國等，以及展開與亞洲的貿易，槍械和基督教也因此傳入日本。

而且宗教在這個時代也發生了重大的變化。一五一七年，德國人馬丁・路德（Martin Luther）撰寫的《九十五條論綱》中，除了批評販售免罪符的羅馬教皇，還否定了認為只有《聖經》才能作為信仰基礎的教會。這場「宗教改革」運動遍及瑞士、荷蘭及法國等整個歐洲，同時各地也有許多因為宗教對立而爆發的衝突，例如德國的騎士戰爭和農民戰爭、法國的胡格諾戰爭（法國宗教戰爭）等。

從十一世紀末到十三世紀末，羅馬教皇為了奪回耶路撒冷而發起十字軍東征。相對於因為屢次東征失敗而失去權勢的天主教，各國國王的權力則逐漸強化。

與「地理大發現」和「宗教改革」有著密切關係的是，十四世紀於義大利拉開序幕，傳播到歐洲各地後延續到十六世紀的「文藝復興」。文藝復興的思想基礎是，恢復希臘、羅馬時代的學問和藝術，從上帝與天主教的角度回到以人為本的視角，並尊重自由的精神。在文藝復興時期，天文學和地理學也有進一步的發展，例如因為尼古拉・哥白尼（Nicolaus Copernicus）和伽利略・伽利萊（Galileo Galilei）而受到大眾提倡的「地動說」。

此外，在中國發明的指南針，經由來到中國的阿拉伯商人帶到伊斯蘭後，又藉由十字軍傳到歐洲。正是因為這些科學和技術上的變化，大航海才得以成為能夠達成的目標。

同一時期在東亞地區，於一四〇三年得到明朝承認為王國的朝鮮，在與日本的室町幕府簽訂條約後開始進行貿易，但因為豐臣秀吉從一五九二年發動的中國、朝鮮侵略戰爭，最後朝鮮蒙受了巨大的損失。而向朝鮮派遣援軍的明朝正苦於北方蒙古的攻擊和南方海盜的襲擊，因此這場戰爭對明朝和朝鮮造成很大的負擔。

無論是對日本還是世界來說，這都是一個為了打破中世紀創建的政治、宗教和法律等所有的結構，並建立新社會的改革時期。

戰國時代的開始

在戰國時代，人們為了生存經常會互相奪取對方的性命、土地和財產，所以在戰國時代初期，不是只有武士手持武器戰鬥。

說到戰國時代的戰場，一般人腦中浮現的畫面大概是，許多武將騎著馬奔馳在戰場上兵刃相交。

然而，當時的戰場其實跟一般的印象迥然不同。

在這個時代，有許多與大名和武將一樣在歷史上留名的打仗高手，但無名人士也必須站在相同的戰場上，賭上生命而戰。所以作為專業戰鬥員的武士和作為業餘戰鬥員的平民一起組成了武士團。

據說這種武士團的原型出現於十世紀左右的平安時代。當時，新開墾的土地一般都視為開墾者所有。雖說如此，即使是屬於自己的土地，在中央集權的控制下，也會受到一種叫做國司的地方官吏干涉，必須繳納稅金。因此，作為土地開墾者的領主，為了減經稅金的負擔，會將土地捐給有權勢的貴族或大型寺院和神社。收到捐贈的貴族和大寺院所有擁有的土地則會不斷地增加。

但擴大後的所有地，有些地區會成為遭到掠奪的對象，因此必須要有壯大自身力量的武裝農民。

而看上這些武裝農民的，就是清和源氏和桓武平氏等中流貴族。

他們在天皇的後代中也是以武術作為職業的家門，必須提高家族的軍事力量。因此他們親自到地方組成武裝農民，並組建龐大的武士團。此外，他們甚至還加入地方豪族的叛亂等，從而擴大自身的勢力。

管理國家的龐大勢力有時會稱為「權門」。「權

武士團的構成

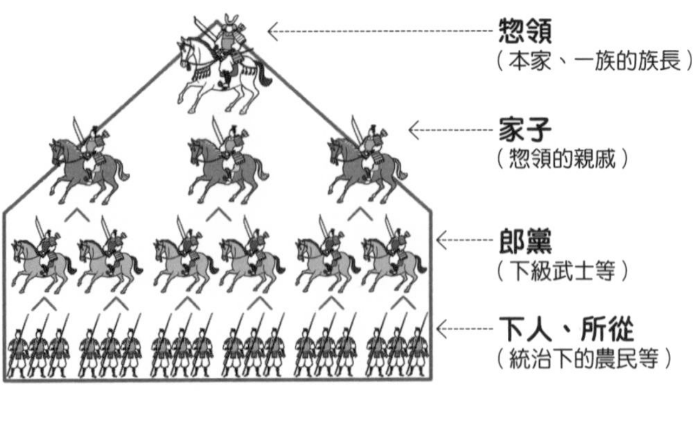

門」是指以莊園（私人領土）為基礎，擁有強大的經濟能力、高地位的勢力集團。在中世紀，國家的職能「行政、軍事、宗教」分別由「公家、武家、寺社（佛寺、神社）」這三個權門來承擔，並以互補的方式來管理國家。然而，隨著從平安時代到戰國時代崛起的武家不斷增強力量，並以統一三權門為目標，「權門體制」的平衡也逐漸崩塌。

一一六七年（仁安二年），最後由平家的平清盛就任太政大臣[*1]。平清盛去世後源氏舉兵。最終源賴朝擊潰敵對勢力，於一一八五年（文治元年）建立鎌倉幕府，並在一一九二年（建久三年）擔任征夷大將軍。「幕府」一詞是指在戰場上掛上布幕的「將軍陣營」，之後延伸為「由朝廷正式授權管理國家事務的組織」。所以武家對於自己親手建立的政權，不只是軍事方面，也加強控制行政和宗教。

但之後在一三三三年時，後醍醐天皇採取獨裁專政，公家暫時取回實權，與武家的足利氏產生矛盾與爭執。最終的結果是，足利氏擊敗後醍醐天皇，並開啟室町幕府的時代。

*1 日本律令制度下最高的官位，相當於宰相。

除了鎌倉幕府和室町幕府外，被稱為幕府的政府還有江戶幕府。不過，在形成江戶幕府的過程中，政治情況極其動盪。

武士的崛起使社會迎來巨大的變化。其中，造成變化的動力是「武力」，因此整個時代陷入戰亂的時期。

在這一期間，經過織田信長、豐臣秀吉兩個政權，再到德川家康的江戶幕府，朝廷、政治、軍事、宗教、法律等所有的結構都得到了發展和更新。

不僅影響了江戶時代，其中有許多新制度還成了現今日本社會的基礎。

也就是說，戰國時代是日本歷史上的一大變革時期。

變革的浪潮首先在一四六七年，以「應仁之亂」的形式席捲室町幕府。

本書收錄的內容涵蓋約一百五十年，以應仁之亂發生的時間前後作為戰國時代的開端，直到建立江戶幕府的德川家康去世的一六一六年為止。

在第一章中，讓我們一起來了解從戰國時代初期到統一天下之人的出現，這一過程中發生了什麼樣的變化。

第一章

戰國時代的大變革

擺脫「求神拜佛」的束縛

在古時候的日本，如果地區上發生問題，解決的方法不是訴諸武力讓當事者之間做出了斷，就是詢問神的意見。也就是說，由神來進行審判、裁決。

其中有一種方式叫做「盟神探湯（湯誓）」。將手伸入熱水中，根據燙傷與否和燙傷程度作為神意來判斷是否有罪。

此外，「湯起請」是指在審判前，要求罪人書寫誓約書（起請文），並根據撿起熱水中的石頭時的燙傷來進行判決。還有讓罪人握住熱鐵的「鐵火起請」，以及關在佛寺一定的時間，以身體上的異常情況進行判斷的「參籠起請」。無論是哪一種方式，都是用變化的程度來決定結果。

從現代的角度來看，這些行為非常不科學，但神明審判是古時候用來解決紛爭的辦法。直到進入戰國時代前，日本可以說是由自然和巫術觀念控制的「未開化社會」。

不過在戰國時代，因為統治者自己會依照法律來進行判斷，人民依賴神明來進行審判的情況愈來愈少見。這種審判的普及是權威從神佛轉移到社會的證明。合理、客觀的觀念在整個社會得到發展。

戰國時代的人們也會積極地干涉大自然。

也就是對抗在此之前一直視為是神佛的領域，令人心生畏懼的山林和河流等大自然，試圖控制自然環境。畢竟治水和開墾新田地是提高生產力必須面對的課題。隨著生產力的提高，經濟活動得到發展，文字也跟著普及。戰國時代可以說是邁向延續至今的「文明社會」的第一步。

雖說如此，從古代到戰國，從神明到人類的變化絕對不是一帆風順。

十五世紀中葉，戰國時代即將拉開序幕之際，室町幕府的第六代將軍足利義教採用過去不曾用過的神明審判，特別是湯起請。

足利義教是藉由抽籤才成為幕府將軍，因此他在自己的處境中感受到神意，但足利義教執著於這種非人道方法的原因並不止於此。湯起請具有簡單直接、立即裁決的特性，而且還能展現出統治能力，對施政者來說是相當順手的工具。

反過來說，由此可以看出，當時正處於統治體制和秩序不穩定的時期。

也就是說，沒有神佛，就沒辦法維持將軍的權威和權力。

應仁之亂的大混戰

足利義教執著於湯起請，實施以神佛為名的恐怖政治後，於一四四一年遭到暗殺。其兒子足利義勝成為第七代將軍，但年僅十歲就逝世。室町幕府所面臨的問題到這個時期已然達到極限。將軍家身邊的重臣帶來的影響力也逐漸增強。

尤其是身兼要職的「管領」，其權力之大甚至能夠代理將軍政務。他們這些具有權勢的武士住在京都，過著如貴族般的奢侈生活，並對地方課徵重稅。

當時也頻頻發生饑荒，連續的暴雨，洪水氾濫，對農務收成造成很大的影響。

沉重的稅賦和作物歉收，導致農村有許多人餓死。社會上的不滿情緒不斷膨脹，農民群起起義，也就是不斷發生武裝暴動。與過去不同，農民的憤怒之強烈，甚至踏入神聖不可侵犯地帶的佛寺、神社。

原本應該是作為守護職的武士，即在京都的地方軍事指揮官要帶頭處理紛爭。然而，儘管天下大亂，這些人依然只顧著在都城爭奪權力。

取代守護職，實際管理當地並解決問題的是守

此時的世界大事

1455～1485年　英國的玫瑰戰爭

蘭卡斯特家族和約克家族之間為了爭奪英國王位繼承權，展開長達30年的內戰。因為雙方的家紋分別是白玫瑰和紅玫瑰，一般稱之為「玫瑰戰爭」。這場戰爭最後由蘭卡斯特家族的都鐸家族取得勝利，英國進入都鐸王朝。

護的代理人「守護代」。這導致了守護代在各地都擁有超越上級守護職的控制力。

一四六七年（應仁元年），隨著社會愈來愈動盪，終於爆發了大規模的衝突。

這就是歷史上著名的應仁之亂。

當時的將軍是第八代的足利義政。足利義政在建立銀閣寺等文化方面有所

應仁之亂的對立關係

西軍	vs	東軍	
足利義政繼承人之爭			
（養子）足利義視		足利義政（子）義尚	足利義政提名弟弟足利義視為下一任將軍之後，親生兒子（足利義尚）出生並爆發繼承者之爭。西軍將足利義視立為將軍，形成東、西兩個幕府。
幕府內部勢力之爭			
山名宗全		細川勝元	為了掌握幕府的實權，家臣分別表態支持足利義視或足利義尚，使對立加劇。
畠山家家督之爭			
畠山持國（子）義就		畠山持富（養子）政長	家臣反對從畠山持國手中接過家督之位的畠山義就，擁立畠山政長。
斯波家家督之爭			
（養子）斯波義廉		（養子）斯波義敏	斯波義健逝世時沒有留下後嗣。導致受到家族推舉的斯波義敏，與受到涉川氏一族支持的斯波義廉產生對立。

貢獻，但讓重臣掌握了政治主導權，是個缺乏決斷能力的將軍。

當足利義政試圖解決管領家畠山氏內部已然成為問題的家督之爭時，反而爆發了內亂。因為長期處於敵對狀態的管領細川勝元和重臣山名宗全插手干涉這件事，並爭奪主導權。

而且足利義政自己也面臨繼承人的問題，導致事態更加複雜。最後牽涉到大量的守護，武家分為東、西兩軍，在京都發生多次衝突。

這場戰爭持續了十一年之久，最終造成內亂的罪魁禍首山名宗全和細川勝元皆死於疾病，戰爭在沒有勝利者的情況下結束。京都燒成一片荒野，足利氏失去權力、兵力和領地，成為有名無實的將軍家。

與此同時，過去的統治體制發生變化，對足利氏的權威不抱希望的武士直接統治起領地。即便爆發多年的應仁之亂結束，分散的權力也沒有回到將軍的手中，戰國時代於是拉開序幕。

而戰國大名，就是戰國時代的中心勢力。

你、我都是大名

「大名」原本的意思是「擁有大片名田的人」。名田是指為了表示權利，冠上所有者之名的田地。名田的所有人叫做「名主」，擁有大片名田的人則是「大名主」，所以管理大片土地的人稱為「大名」。

然而，同樣都是大名，在室町、戰國、江戶時代所代表的意義並不相同。

室町時代被任命擔任守護職，管理一國至數國領土範圍的大名稱為「守護大名」。依照制度，守護職的繼承是根據將軍的決定來進行。一般來說職位和領地是由同一家族所有，所以基本上都是父傳子。

但在應仁之亂後，將軍的權威不再，職位等級制度本身變得有名無實。因此，不斷發生下位者凌駕上位者的「下克上」情況。不只是將軍，守護等統治者也都下台，取而代之的是實際統治土地的人。

這些人在各地逐漸大名化，成為戰國時代的大名，也就是所謂的「戰國大名」。

主要的戰國大名

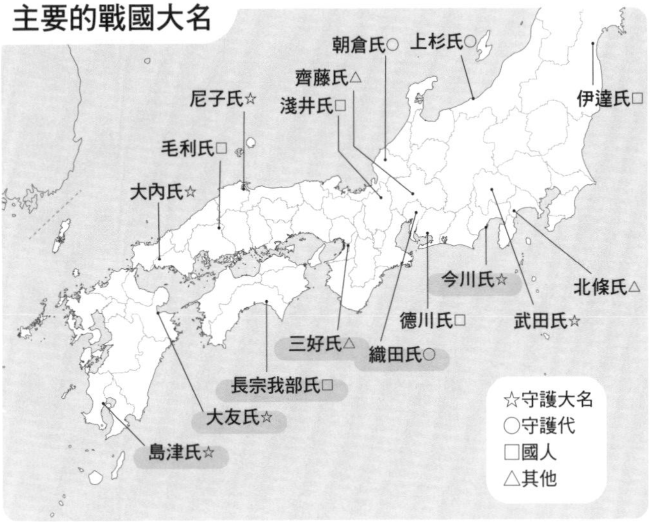

最具代表性的就是前面提到的「守護代」。身為守護代上級的守護，為了維持在幕府內的地位，也就是在都城的地位和權勢，沒辦法離開京都。

因此地位較低的守護代作為守護的代理人，在當地處理農民叛亂的問題。過程中，守護代招攬扎根在土地上的武裝人民，收他們為直屬家臣。

守護代擁有比守護更加強大的力量後，從中央政權中獨立出來，並開始管理領國。自己樹立權威，也獲得權力，逐漸形成大名家的風範。織田信長誕生的家族，尾張（現在的愛知縣西部）織田氏也是守護代。

若是繼續往前追溯這類守護代的家系，就會發現其中包含守護家族的分家、家臣，或是守護所有地的「國人」等。

所謂的「國人」是指自古以來侍奉中央政權的武士，他們被安置在中央政權位於全國各地的領地，代代負責維持領地的治安和課徵領地的稅賦。其中也有一些家族沒有成為守護代，而是作為國人獨自統治一國的土地。

這些國人認為自己的地位與守護代的上級守護對等。因此，為了反抗勢力日益壯大的守護代，國人提升自己的武力，並與守護代一樣成為戰國大名。原本為國人的大名有安藝（今廣島縣西部）毛利氏、近江（今滋賀縣）淺井氏，以及誕

此時的世界大事

1479年西班牙王國建立

卡斯提爾王國的公主伊莎貝拉一世，和亞拉岡國王的王子斐迪南二世結婚，一等到斐迪南二世繼承王位，兩國便聯合建立西班牙（以西巴尼亞）王國。西班牙在女王和國王的統治下，順利守護了羅馬天主教並擊退伊斯蘭勢力。

生了德川家康的三河（今愛知縣東部）松平氏等。

守護代和國人的崛起令人感到驚奇。當然，在身為守護代上級的守護中，也有一些家族在仍保有權勢的情況下成為戰國大名。例如甲斐（今山梨縣）武田氏、常陸（今茨城縣）佐竹氏以及薩摩（今鹿兒島縣西部）島津氏等。

這些戰國大名中，於戰亂時期生存下來的家族，在江戶幕府的新制度下，獲得超過一萬石的知行（給予的土地及其生產量），成為江戶時代的大名。

儘管守護、守護代及國人大多是中央貴族的後代或是古代地方豪族的子孫，但也有不是上述身分的人成為戰國大名。據說原為足輕[*2]的豐臣秀吉就是其中的代表。

接下來就讓我們一起進一步了解他們實際上是什麼樣的人物，以及是在什麼樣的戰場上存活下來的。

*2 日本古代的步兵，平常從事勞役，戰時為步卒。在戰國時代，接受弓箭、槍砲的訓練，編成部隊。在江戶時代是最下等的武士、兵卒。

遭受暴力和掠奪而犧牲的人們

如果我說在戰國時代的戰場上會看到賣茶的人，有多少人會相信呢？但在當時的戰場上，真的有商人會沿路叫賣茶、雜燴粥以及軍糧。這些不分敵我做生意的商人，出現在各種講述戰國時期的文獻中。

商人為了賺錢不顧危險地出沒在戰場上。但也有人會利用這點，假裝成商人接近、攻擊敵對士兵。

不過，即使有商人，也不能保證能夠穩定供給戰場所需的糧食。當戰況加劇，演變成長期戰時，士兵苦於飢餓，戰場變成如地獄般的景象。

當時的士兵在上戰場時，都已經做好了會挨餓的心理準備。他們會摘取樹木的果實，拔雜草、摘葉子、刨樹皮，就連根都不放過，所有能吃的東西他們都會撿起來吃。據說，在完全找不到東西可以吃時，士兵還會去找商人賣掉手中的武器。

只要有價值，商人什麼都可以買賣。無論是贓物、武器還是人，全部都能當作商品。在那個時代，奴隸市場的存在是理所當然的。

在戰亂中，遭到活捉並犧牲的主要是女性、老人和小孩。這些人無論性別、年齡，都被視為掠奪的對象。

這一掠奪的行為稱為「亂取」，士兵們擄走敵方的人要求支付贖金，或是將這些人賣出去當僕人。他們還會破壞房屋、掠奪各種物品、放火燒毀村莊，甚至做出糟蹋田地作物的惡劣行為，稱為「刈田狼藉」。

然而，這種行為被視為是一種軍事行動，用來補給糧食的同時，也是削減敵人物資的戰略。「刈田狼藉」不僅發生在成為戰場的土地，也會在軍隊往前推進的途中進行。即使該地區有權勢的人要求禁止掠奪，阻止士兵擄掠家產和人，但有時也會出現默許掠奪武器和馬飼料的情況。

位於兩個敵對勢力邊境的村莊，處境猶如地獄。因為有可能同時受到兩邊的攻擊，為了避免出現最壞的情況，必須向分別向兩個陣營繳納一半的年貢，並隨時保持警戒。

在戰國時代，尤其是前期到中期的陣勢中，騎馬的武士只占一成。這些作為騎兵的武士身邊會跟隨著幾個足輕，與他們的主君一起奮戰。足輕底下還有下人，主要是牽主君的馬，拿著長矛幫忙。此外還會雇用大量稱為「人夫」或「夫丸」，專門負責完成雜事的人。整個陣營大部分都是兼職的農民。

其中大部分的農民都是為了餬口飯吃而主動前往戰場。

從插秧結束到收成前的這段時間，以及在嚴寒的冬天，戰場是唯一可以賺錢的地方。因為飢荒沒有食物可以溫飽時，除了受雇為士兵外別無他法。尤其是農家的二兒子、三兒子等，如果不出去賺錢減少要養活的人口，就會影響其他家人的生存空間。

他們在受雇時大多都有期限性，與大名和家臣等雇主和正式武士締結的主從關係不同。他們不會被視為部下，就算在戰場上有所貢獻，也不會得到獎賞。但他們會以出售一點食物、透過掠奪行為獲得的家產和男女來作為賺錢的手段。

然而，不只是外出賺錢的農民會做出掠奪的行為。

其中也有一種名為「惡黨」的武裝集團，只要發生戰爭，他們就會聚集在一起並到處進行擄掠。許多人看好這些職業盜賊的能力，並利用他們擾亂敵方的陣營。

惡黨的專長是半夜偷襲。與在光明正大自報姓名，勇敢殺入敵營的騎馬武士相反，他們只採取隱密潛入的行動。不用說掠奪家財，惡黨也很擅長綁架。他們會從敵營劫持人質，威脅對方加入己方陣營。

對雇主來說，能幹的惡黨是能夠帶來勝利的寶貴人才。大名相互爭著雇用他們，以在戰爭中派上用場。

不過惡黨也很容易背叛。惡黨與雇主之間並不是正式締約的主從關係，只要付得出錢，任何人都能雇用惡黨，所以對雇主來說，惡黨也是個潛在的煩惱來源。今天還是同伴，明天卻變成敵人，惡黨帶來幫助的同時也會帶來麻煩。

然而，在戰國時代，出現立場反轉的情況並不稀奇。形勢的優劣、身分的高低，輕易就會相互對調。既沒有保障立場的制度，也沒有挽救損失的法律，武力是保護自己的唯一手段。只要失去力量，等著你的就是失敗和死亡。

在戰場上，身為加害者的同時也是受害者，士兵自己也會成為被擄掠的對象。尤其是身在底層的農民和兵卒，他們既是掠奪者，也是作為俘虜遭到活捉的戰爭受害者。

自然災害造成饑荒，飢餓的農民上戰場賺錢，做出導致饑荒的「刈田狼藉」，之後又因為饑荒而外出謀生。

戰國時代就是個陷入這種惡性循環的時代。

雇主陣營有時會自己進行有組織性的掠奪，卻下令底層未經許可不得擅自搶奪錢財、不可以一心只想著打劫，而擅自掠奪也不會得到賞賜。這是因為過度的掠奪行為有時會損害己方的陣地以及領地的生產力。此外，也有人會過於熱衷於搶劫而疏忽了自己負責的任務。基本上，武士只有在戰場上勇猛抗戰，並取得明確的戰果，例如得到敵人的首級等，才會被視為立下戰功。

儘管如此，在不允許掠奪的情況下，難以確保上戰場的人數。雇主為暴動而擔憂的同時，又認為掠奪行為攸關領地人民的富裕程度，是提高陣營的戰鬥力，維持領地平穩的必要手段。

當人民的生活不穩定，就會爆發武裝起義，大名為了鎮壓叛亂持續發動戰爭，周邊的農民每次都只有受到擺布的份。

不過，這樣的戰爭型態在戰國時代後期也發生了變化。

織田信長上台後，利用「兵農分離」政策促使戰鬥員專業化。接著在豐臣秀吉和德川家康的治理期間，限制人民私鬥和持有武器，從而大幅減少刈田狼藉的行為。

身分制度也得到完善，兼職士兵必須要決定專心從事農務還是走上戰鬥者的道路。

尤其是與大名具有正式的主從關係，被稱為「地侍」的武裝農民，直接受到時代變革的影響。

column 1

一統天下之人的家紋和歐洲的紋章

以變革時期為契機而形成的家紋和紋章

區分各家族的「家紋」在一開始是公家獨有的標誌。據說是為了辨別牛車，各個家族才開始使用固定的花紋。武家起初使用家紋的原因是想在旗幟上增加圖案，以便在戰場上與其他人有所區別。隨著武家的興起，武士的人數逐漸增加，由於分家的建立等因素，家紋的數量也跟著增多。對於立下戰功的武士，朝廷還會授予名為「下賜紋」的紋樣，所以一個家族會擁有多個家紋。一直保存延續到江戶時代的武家，會將多個紋樣中最具代表性的當作「定紋」[*3]，其他則是作為「替紋」[*4]。

織田家的家紋「織田木瓜」是從「木瓜紋」延伸出來的圖案，據說是織田家的主君斯波氏或朝倉氏賜給織田信長的父親織田信秀的紋樣。設計上看起來像花一樣，但關於「木瓜」代表的意義眾說紛紜，有人說是木

*3 家族固定使用的家紋。
*4 代替定紋使用的家紋。

日本的家紋與歐洲的紋章

德里的紋章
思考的骷髏

豐臣家的家紋
太閤桐

織田家的家紋
織田木瓜

瓜的剖面，也有人指稱是鳥巢等。豐臣家的家紋則是將桐樹的葉子和花畫成圖案的「太閤桐」，據說是織田信長或足利義昭賞賜給豐臣秀吉的。德川家的家紋「三葉葵」是從家臣酒井家或本多家繼承而來的家紋。此外，德川將軍家族不需要依附更高的權威，所以家紋只有定紋。

歐洲不只是各家族，還有社會共同體使用的「紋章」。歐洲的紋章鮮豔多彩，設計上豐富多樣，例如裸體、骨頭等，與日本的家紋呈現鮮明的對比。例如，英國北愛爾蘭的德里就使用在與英國抗爭的過程中，以嘲笑天主教為屍骸並將之畫成圖案的「思考的骷髏」作為城市的紋章。

價值無可取代的地侍

從戰國時代初期到中期，參與戰爭的士兵中，有很多其實是一般階層的人民，例如離鄉外出賺錢的農民，以及被稱為「浮遊民」的惡黨等。

以下要介紹的是，在一般階層中武力格外出色的「地侍」。

被稱為「地侍」或地方豪族的這些人中，大部分都是從鎌倉時代以前就開始親自開墾土地並種植作物的人。

他們是為了守護土地，武裝自己、團結地方，培養戰鬥能力，並且就這樣傳承好幾代的家族。每個家族的規模各不相同，但大部分都是雇用佃農經營農村的名主或大名主。

儘管地侍在身分上終究是農民，但擁有姓氏，也是公認的戰鬥員。戰亂時代對他們來說是能夠輕易獲得武器，身分階級開始鬆動，可以擴大勢力的機會。

地侍還與周邊勢力合作，成為武裝起義的中心人物。據說他們有時還會反抗統治者並拒絕繳交稅賦。

在大名眼裡這些地侍是一股無法忽視的勢力。地侍扎根於土地，了解當地優勢，也擅長打情報戰，所以哪一方能獲得勝利取決於能拉攏多少地侍。毫無疑問地，地侍是戰國時代的戰爭主力。

地侍一般是直接侍奉大名和武將的直屬家臣，根據效力主君的方式可分為兩種類型。

一種是無論是否有突發狀況，平時就會在主君身旁侍奉並一起戰鬥。另一種是，只有出事的時候參戰並承擔軍事的任務。

前者因為經常待在主君身邊，被列為是「家中」[*5]的一員，自然比較少待在村子裡。相對地，後者一般稱作「村被官」，與農民的關係較為親

此時的世界大事

1492年哥倫布發現美洲新大陸

克里斯多福・哥倫布在西班牙國王的支持下，根據托斯卡內利的「地圓說」橫渡大西洋，朝著亞洲前進。哥倫布到達的大陸最後以探險家亞美利哥・維斯普奇的名字命名為美洲大陸（America），而原住民則被稱為印地安人。

*5 泛指特定大名的家臣。

近，更像是主君雇用的武士。

不過，無論是哪一種類型的地侍，他們的根據地都是自己開拓或是農村內祖先代代居住的宅邸。據說地侍的宅邸在開戰時，經常會用來當作防衛據點。

但作為統治者的大名並不一定是歷史悠久的領主，為什麼擁有獨立性和卓越戰鬥能力的地侍，卻要侍奉戰國大名呢？

這個結果與戰亂時期的局勢有著很密切的關係。

隨著戰事的增加，當領地的敵對勢力攻入自己的地盤時，地侍為了守護土地就必須響應戰國大名的動員。地侍只要上戰場取得戰果，大

戰國時代的身分結構

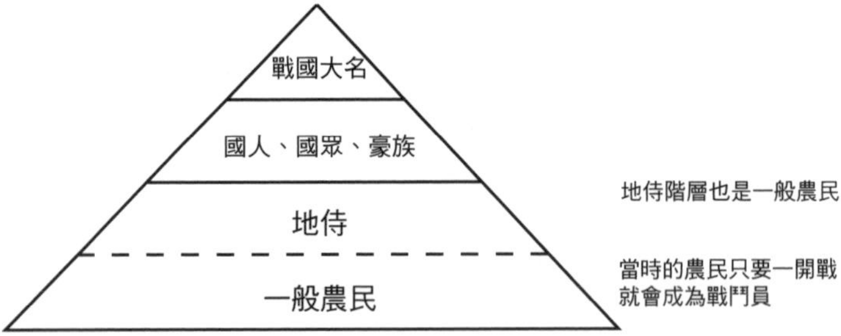

名就會免除對土地課徵的稅賦。獲得免稅待遇的土地稱為「給田」，理所當然地，給田上收穫的作物全部都歸耕作者地侍。在這樣的慣例下，地侍因此成為大名的家臣。現在依然可以在日本全國各地的地名看到給田這個名稱。

儘管成為家臣，地侍也不必完全屈服於主君。

因為地侍的力量來源就是土地本身。他們為了守護土地，抱著赴死的覺悟而「拚命」戰鬥，所以才會如此強大。

也就是說，在他們的心中，最重要的是農作物。每當臨近插秧或割稻的時間，地侍的厭戰情緒就會逐漸上升，甚至嚴重到有人會在戰爭打得正激烈時回到村子的程度。

當然，隨著時代的變遷，有些地侍在與主君建立起信賴關係，並獲得賞賜的過程中，對主君愈來愈忠誠。儘管如此，地侍依然強烈地認為土地本來就是屬於自己的，並不會因為土地變成給田，就會覺得土地是領主賜予自己的恩惠。

並非所有的地侍都會老實地承擔軍事任務。但這些不承擔軍事任務的地侍，在某種程度上也是被認可的。畢竟大名懲罰他們也只會損害自己的主要戰力而已。扎根於土地的地侍當然知道戰國大名是趁戰亂崛起的勢力。因此，連戰國大名都不敢輕視地侍的力量，有時甚至是帶著恐懼的心情試圖控制他們。

換句話說，大部分活躍於戰國時代的大名家族，都是很尊重地侍並獲得地侍幫助的人。在關東一帶建立領地的北條氏就是其中之一。

侍奉北条氏的猛將

在侍奉北條氏第四代家主的弟弟北條氏照的地侍中，有一個名為小田野的家族。

在一五五九年左右，北條氏照為了壓制西方的甲斐，進一步統治多摩地區的領地。

該地區多年來一直是由北條氏照養父所隸屬的家族大石氏所統治，北條氏照在接手這個地區後，將侍奉大石氏的所有地侍重新編入自己的陣營。

小田野氏是在五藏（今東京都、琦玉縣和神奈川縣的一部分）八王子領由木鄉具有影響力的武裝農民，原本也是侍奉大石氏的地侍。

他們在北條氏照的手下，展現出符合除了得到根據地的給田（作為報酬給予的田地）外，還收取給分（作為報酬給予的金錢等）的工作態度，並成為北條陣營頗具勢力、不可或缺的家臣。

舉例來說，一五六一年，小田野氏收到北條氏照的感謝信，還得到太刀和領地。

當時的背景是，北條氏照遇到了危機。越後國（今新潟縣）的上杉謙信（長尾景虎）入侵關東地區，並往北條氏的根據地小田原城（今神奈川縣小田原市）進軍。北條氏照因此下令地侍防衛。

小田野家族的地侍在宅邸擋住敵人，並斬首對方十五個人，表現上超出預期。所以北條氏照才會將太刀和領地做作為獎賞賜給小田野氏。

在這場戰鬥中集結的地侍最後列入北條氏照的家中名冊，並成為北條陣營的主力。

此後，北條氏照愈來愈信任小田野氏，不僅允許小田野氏制定戰略、賦予管理人質的權力，還任命他們擔任代表自己的使者。

然而，隨著信賴度的提高，為了不辜負主君的期望，就需要相應的武器、裝備和軍糧。但對地侍來說，承擔軍事任務會壓迫到農村的經營，所以北條氏照會適當地給予賞賜，以避免地侍破產。

北條氏的勢力範圍和小田野城的位置

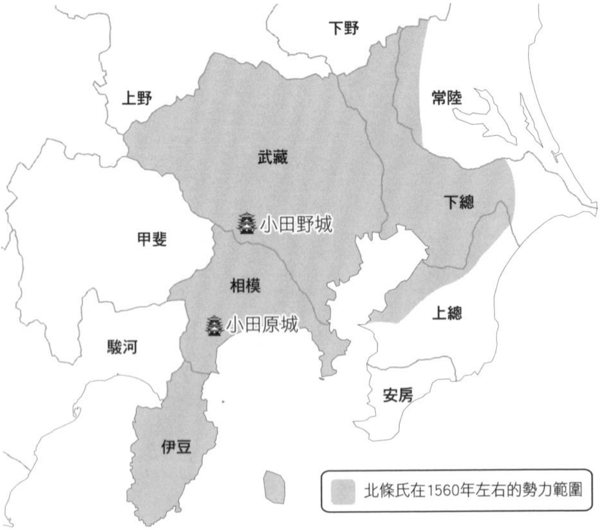

由於大部分的家中都是地侍，為了維持兵力，戰國大名也須顧慮地侍的情況。

子孫是新選組？

與作為北條氏下屬，在主君身邊侍奉的小田野氏不同，也有繼續住在居住地的地侍。例如位於現在日本東京都日野市附近的三澤鄉地侍，承擔軍事任務的交換條件授予給田，立場上屬於先前提到的「在村被官」。

一般人稱他們為三澤十騎眾，土方氏作為其中心人物而聞名。

也有人說江戶幕府末年的浪士，新選組的土方歲三就是這個土方氏的後代。

一旦爆發戰爭，三澤十騎眾就會帶領周圍的農民加入軍隊。從流傳的內容來看，三澤十騎眾沒有如小田野氏那般活躍，但有留下一些關於他們的有趣記錄。

在三澤十騎眾加入軍隊時，北條氏照會特意吩咐他們「要按照軍法，確實裝好頭盔的裝飾物，以威風凜凜的姿態站在戰場上」、「要準備新的旗幟，不可用舊的」等。

換句話說，儘管三澤十騎眾履行兵役，但並沒有受到重用，以至於就連裝備的部分，主君也都得下達詳細的指令。

同樣是地侍，他們的待遇與除了根據地以外還獲得給分的小田野氏截然不同。由此可知，根據為主君效力的方式，與主君之間的關係也會有所改變。

住在東京都中野區的地侍

現今東京都中野區到杉並區一帶，在十五世紀上半葉叫做武藏國多東郡（多摩郡東部）中野鄉。開墾中野鄉的人名叫堀江兵部。

堀江兵部從越前（今福井縣北部）帶十八位農民來到中野，並定居於此。他們建造規模約九百坪的宅邸，在周圍修建堤壩、挖掘護城河，開闢出廣闊的農村。之後堀江氏以地侍的身分管轄這片土地。

一五二四年，中野鄉的領主上杉朝興在高輪原（今東京都港區高輪）之戰敗給北條氏綱，中野鄉納入北條氏的統治之下。

在同一時期，堀江氏擔任中野鄉的小代官，為區域發展做出貢獻。

堀江氏擁有的道祖神成為這片土地居民的信仰對象，村子會舉辦每個月六次的六齋市，相當熱鬧。

堀江氏與三澤十騎眾一樣是隸屬於北條氏的在村被官。他們開創出的中野島景色，作為典型的地侍居住地景色而流傳至今。

沒有地侍，就無法做好農村管理，沒有農村，就無法建立領地。對於戰國大名來說，地侍是統治領地不可或缺的群體。

此時的世界大事

1519年麥哲倫出發環繞世界一周

1519年，麥哲倫船隊奉西班牙國王卡洛斯一世之命啟航，以開闢出往西橫越摩鹿加群島的航路。之後麥哲倫的船隊發現一條穿越南美洲前往太平洋的航路，並於1522年返回西班牙，完成環球航行。

萬能大名——藤堂高虎

戰國大名藤堂高虎對待家臣時，所採取的方針是實力至上主義。從協商、蒐集情報、建造大船、築城到野戰、海戰，不論對方是誰、是什麼身分，只要適合且有能力勝任，藤堂高虎都會任用。

藤堂高虎一生中易主七次。

有些人對他的評價是城府很深、對主君不忠誠，但這個結果就如同他雇用誰、被誰雇用一樣，可以說是單純依照實力來判斷對方是否夠格成為自己的主君。他之所以會培養出這樣的眼光，與他不是靠身分，而是與靠實力上位的經歷大有關係。

藤堂高虎也是地侍出身。

一五五六年，藤堂高虎出生於近江國的犬上郡藤堂村（今滋賀縣甲良町）。該家族擅長打仗而為人所知。因為出生的村子名為「藤堂村」，一般認為藤堂氏是在周邊地區具有影響力的地侍。

據說藤堂高虎的父親曾經侍奉過上衫謙信。

藤堂高虎為了提高作為武士的名聲，走上謀求官職的道路，成為輾轉於各國的「流浪奉公人」。他的父親似乎也曾和他一樣，為了尋找有能力的大名而展開旅程。可能藤堂高虎在小時候曾經不經意聽過有關父親踏上旅途的故事。

當時作為地侍的孩子，最大的夢想就是成為武士、武將或大名出人頭地。

那個時候的大名家族其實並非全是地侍起家，但基本上都是靠自身的力量來

藤堂高虎侍奉過的主君與當時的事蹟

1570年～	淺井長政	在姊川之戰立下功勞
1572年～	阿閉貞征	不久後即出走
1573年～	磯野員昌	不久後即出走
1575年～	織田信澄	不久後即出走
1576年～	羽柴秀長	相當景仰羽柴秀長，立下豐功偉業
1591年～	豐臣秀保	羽柴秀長死亡後，侍奉繼承的豐臣秀保
1595年～	豐臣秀吉	為朝鮮出兵盡心盡力
1600年～	德川家康	在關原之戰立下功勞

獲得地位。

然而，戰亂時代的風氣如果再加上年輕人的自信，那自然就會產生問題。

藤堂高虎身高約一百九十公分，體格健壯、力氣過人、好勝心強，所以到處跟他人發生衝突。而且無論怎麼做，他都沒辦法一直侍奉同一個主君，只能為了謀生在近江國內到處換工作。

藤堂高虎一開始侍奉的是北近江（今滋賀縣長濱市、米原市一帶）的戰國大名淺井長政。但因為引起動刀傷人的事件，不得不離開。接著陸續侍奉同樣位於北近江的山本山城主阿閉氏、佐和山城主磯野氏以及織田信長的姪子，大溝城主織田信澄。

至此，藤堂高虎已經侍奉過四位主君，他一生換了七次工作，總共侍奉了八位主君，所以還有四個主君。

一五七六年，二十一歲的藤堂高虎開始侍奉羽柴秀吉同母異父的弟弟羽柴秀長，[*6]知行[*7]為三百石。

當時也是織田信長著手建造安土城（今滋賀縣近江八幡市）這一大工程的時候。藤堂高虎在羽柴秀長底下學習築城的方法，並拓寬了專家和工匠等與工作技術有關的人脈。

當然，藤堂高虎出人頭地的路程並沒有就此結束，到了三十二歲，藤堂高虎成為俸祿兩萬石的武將。

羽柴秀長去世後，藤堂高虎在其養子豐臣秀保底下任官。在豐臣秀保突然死亡，遭到本家斷絕關係時，藤堂高虎本來打算辭去武士之職。不過，在豐臣秀吉的勸說下，他最後成為直屬於豐臣秀吉的家臣。

*6 豐臣秀吉原姓木下，之後改姓羽柴，1586年（天正14年）兼任太政大臣等職位時獲賜氏姓「豐臣」。本書以1586年為分界，分別稱之為「羽柴秀吉」和「豐臣秀吉」。時間點不明確之處及時間跨度較大的小專欄則以「豐臣秀吉」為主。

*7 作為俸祿，幕府、大名給予家臣的土地或石高。

豐臣秀吉死後，藤堂高虎開始親近德川家康，並因為關原之戰受封為二十萬石的大名。

就這樣侍奉了八位主君的藤堂高虎被稱頌為築城名人，在各地留下有名的城堡。他參與了各種城堡的建造和修繕，包括二條城（位於今京都府京都市）、大坂城（位於今大阪府大阪市）、江戶城（位於今東京都千代田區）等。

藤堂高虎還很重視家臣。

據說，如果有人想去其他家族做官，藤堂高虎會為這個人舉行茶會，甚至給予太刀，愉快地送對方離開，但同時也會跟對方表示，若是覺得新的官職不適任，也可以回來做自己的家臣，而且保證知行跟之前分毫不差。

在現今的企業中，相信很少會有這樣送走離職者的公司。從這個舉動可以看出，藤堂高虎人才管理能力相當優秀。

藤堂高虎之所以能夠允許底下的人離開後又回來，是因為當自己出生於下層階級時，除了保持上進心別無他法。想必對於藤堂高虎來說，地侍這個出身是他最大的優勢。

堅強活著的人們

一五九〇年，豐臣秀吉推翻北條氏，關東一帶的國家也到了終結的時候。戰國時代接近尾聲，即將迎來江戶時代。

不過，土地並沒有消失，即使人死了，家門依然存在。

北條氏的地侍在這之後也各走各的路。

小田野氏成為武家，在水戶德川家任官。似乎是因為原先就已經離開宅邸貼身侍奉北條氏照，之後也就沒有很執著自己所擁有的土地。

相反地，三澤十騎眾留在自己的村莊受豐臣政權統治。

中野鄉的堀江家也跟三澤十騎眾一樣。根據太閣檢地（豐臣秀吉推行的全國性大規模檢地測量和調查），中野鄉遭到瓦解，堀江家擁有的土地範圍縮小，但在江戶時代依然作為名主存續著。他們既不是武士也不是領主，而是農村的領袖。而藤堂高虎在打倒北條氏的豐臣秀吉底下繼續發光發熱，並在江戶幕府時代成為三十二萬三千九百五十石的大大名。

地侍是在戰國時代的戰爭中不可或缺的存在。

地侍受到戰亂的浪潮所擺布，但仍然站在各自的立場上堅強地存活下來。

織田信長、豐臣秀吉、德川家康這三個統一天下之人推動了這股浪潮，讓時代不斷地往前推進。

深知地侍的力量，並熟練地利用他們而聞名於世的這三個人，究竟建造了什麼樣的社會呢？

天下年糕嘗起來是什麼味道？

天下年糕由織田搗，羽柴翻面，德川坐享其成。

這首日本狂歌完全體現出戰國時代的變遷，與每個統一天下之人的個性。織田信長在戰國後期登場，並強行開闢出朝著文明化目標前進的道路。豐臣秀吉作為織田信長的繼任者，試圖控制戰亂的時代。德川家康進一步鞏固、完善豐臣秀吉奠定的控制方式，並實現了長達兩百五十多年的「和平」。

從古代延續下來的統治制度在戰國時代完全遭到否定，人們因此陷入混亂。時代要求織田信長、豐臣秀吉和德川家康三人建立新制度，三人也按照各自的方式做出回應。

對於這個要求，德川家康是三人中唯一給出「正確答案」的人，所以狂歌中的「天下年糕」只有德川家康吃得到。年糕可以視為僅有德川家康做到的「穩定的統治制度」，也就是這個制度所承諾的「江戶時代的和平」。

不過，在時代達到「和平」的過程中，寺社、武家、公家，這三個支撐國家的權門勢力遭到踐踏、切割和排擠，被迫經歷伴隨著痛苦的劇烈變化。

遭到踐踏的佛寺、神社

在鎌倉時期，佛教界為了讓教義更淺顯易懂，以便於傳播，陸續成立了許多新宗派。這是因為隨著武士的崛起，原本由貴族獨占的思想和文化擴展到其他階層，不僅武家，也普及到平民百姓中。為了因應這一趨勢，才會出現更容易令大眾接受的佛教宗派。

例如，淨土宗和淨土真宗傳布的是相信阿彌陀佛的力量，只要念經就能得到救贖的「他力」思想，得到許多平民追隨。此外，成為新統治階級的武士則是將信仰寄託在臨濟宗和曹洞宗等，藉由打坐頓悟的禪宗。

在信仰與社會緊密相連後，這股力量隨著時代的發展而擴大。因此，在戰國時代來臨前，寺社擁有不亞於公家和武家的權勢和權力。

引領鎌倉幕府走向滅亡的後醍醐天皇對佛教有著濃厚的興趣，並且對佛寺、神社寄予強烈的信仰，希望將祈禱的力量用在政治上。因此，後醍醐天皇過度保護寺社，還不斷地給予支持，例如捐贈土地等。在自己因為足利氏而淪為被消滅的一方時，後醍醐天皇離開京都逃往大和國吉野（今奈良縣南部）的寺社。

佛寺和神社擁有不允許其他勢力的權勢和權力侵入、介入的絕對特權（不輸不入權）[*8]。寺社的領地顧名思義就是聖域。

對於寺社勢力來說，這種「不允許侵入、介入」的治外法權主張是非常大的優勢。僧兵團還基於此主張拿起武器，建立了寺社的武裝力量。

然而，在時代的變遷之下，統治制度解體，形成一種受到損失就自行報復，以維護自身權利的「自力救濟」社會，人們的信仰和敬畏之心也隨之愈來愈薄弱。

在權力階層上，宗教人士的地位下降，寺社為了保護自己，加強戰鬥的準備和警

*8 免稅權、治外法權。

戒。同時也出現與這些僧兵團聯手反抗的信徒，組織的憤怒演變成武裝起義。

在宗教的武裝起義中，寺社和人民以信仰相連，但無論是寺社還是人民，都選擇用「武力」作為達到目的的手段。也就是說，不依靠阿彌陀佛等神明的力量，以自己的力量設法解決。換言之，這是一個人們擺脫對神明的依賴，開始以自己的力量立身於世的時代。

另一方面，這樣的舉動被織田信長視為威脅，於是決定用武力鎮壓佛教勢力。

一五七一年（元龜二年），對天台宗的總本山比叡山延曆寺採取火攻。

一五七四年（天正二年），鎮壓淨土真宗（一向宗）發起的「長島一向一揆」。

一五八〇年（天正八年），以武力促使淨土真宗的總本山石山本願寺服從。

每場進攻都激烈殘酷，而且次次都是大屠殺，詳細內容會在下一章進行介紹。

在織田信長居住的城堡安土城的石階和石牆中，還能看到當初建造時將地藏等石佛當作石材使用的痕跡。這個行為看起來並不是建造時材料不足，或是期望佛祖給予恩惠，而是故意為之。

無論是織田信長還是武將，那些進入安土城的人是否都曾踩過這些石佛呢？這些石佛代表著頑強地阻擋在極權統治之前的權門——寺社勢力。也許下令將這些石佛當作建造石材的人就是織田信長。

根據上述的推測和行為殘忍的宗教鎮壓，普遍都認為織田信長是無神論者。不過，就這樣斷言他是無神論者其實是有疑慮的。

當時，如果不透過鎮壓武家、公家、寺社這三個權門，使三者統一，就無法達到和平目標。

在失去統治制度的時代，要想實現這個目標，除了武力別無他法。只有藉由武力來壓制武力，才能實現「和平」。

這個想法從現今這個時代來看是很可怕沒錯，但對織田信長來說，這是最有可能走向「平和」的做法。

遭到切割的武家

在遭到織田信長澈底鎮壓的武裝起義中，當然也有地侍的身影。他們有時會成為團體的中心人物與僧兵和農民合作，組建武裝暴動聯盟。

織田信長很清楚扎根於土地的地侍是如何抱持著必死的決心投入戰爭。同時，他也很了解，地侍加入己方陣營時的利用價值。

在一五六〇年的桶狹間之戰中，織田信長就是根據底下的地侍簗田政綱帶來的情報才獲得勝利。正因為有地侍，織田信長才能夠詳細掌握敵軍的動向，最後織田信長將土地作為獎賞賜予簗田政綱。

此時的世界大事

1562年爆發法國宗教戰爭

當時的法國有愈來愈多新教徒認同宗教改革領導人喀爾文所提倡的教義，導致反對承認信仰自由敕令的舊教派虐殺新教派，進而引起內戰。舊教徒怒罵新教徒為「huguenot」（乞丐），新教徒則稱舊教徒為「papist」（教皇的走狗）。

但這塊土地距離築田的根據地頗有距離。織田信長深知當土地集中在一個地方時，地侍很快就會成為威脅自己的勢力，因此相當注意這個部分。織田信長時常告誡下屬，不要太過嚴厲，但也不可過於寬容。

在搬到安土城時，織田信長命令營地的地侍居住在城下町，這是為了將地侍與其力量來源——土地和領地分開。而且分別將戰鬥員和農民安排住在城鎮和村莊，不僅可以解決農閒期以外兵力不足的問題，也有餘力可以進行遠征。

織田信長還進一步統治、管轄戰場的地侍，將與惡黨一起努力進行擄掠的地侍組成足輕隊。由惡黨負責織田陣營的刈田狼藉和擾亂工作，足輕隊則專心打仗。藉由這些「兵農分離政策」，織田信長往統一天下更近一步。而且在織田信長死後，繼任者豐臣秀吉也繼承了其過去制定的政策。

在一五九〇年消滅北條氏的小田原之戰中，豐臣陣營表現出游刃有餘的姿態。這是因為作為主力的地侍已經成為專業戰鬥員。儘管地侍要從遙遠的地方趕來，但他們不用再擔心作物，即使在打仗時，也能夠毫無雜念地專心戰鬥。補給系統也很完善，豐臣秀吉從京都（今京都府）和堺（今大阪府堺市）叫來商人，確保酒和食物供應充足。他甚至還邀請大名的妻女到陣地中，並舉行酒宴和茶會。與敵對的陣營相比，情況有如天壤之別。

如果織田信長沒有積極推動「兵農分離政策」，基本上應該很難達到這樣的陣勢。豐臣秀吉將織田信長的政策作為自己的策略靈活運用。不僅如此，事實上豐臣秀吉可以說是比織田信長還要重視「兵農分離政策」。豐臣秀吉本身就是出身於下級階層，照理說，他應該十分了解從底層爬上高層的人所擁有的力量，以及地侍會帶來的威脅。畢竟

豐臣政權實施的主要政策

1582～98年	太閤檢地	調查全國農地的大小和收穫量，並在統一標準和分量後進行測量。
1585年	總無事令	禁止大名之間的領土糾紛等私人紛爭。
1588年	刀狩令	沒收農民的武器，讓農民專心耕作。
1591年	人掃令	禁止武士成為商人、百姓（農民），百姓（農民）成為商人、工匠。

今後也有可能出現像自己或藤堂高虎一樣，從底層開始累積力量的人。

織田信長承認地侍對土地和宅邸所有權，但豐臣秀吉為了掌握天下，連這點都不允許。

在消滅北條氏，終於達到統一天下的目的後，豐臣秀吉嚴格制定了統治制度。這些制度是各種不同形式的分離、分割手段，例如，將農地與武士分離、將農民與刀分割，從武家中切割出領地。

首先，完成從以前就一直在日本各地進行的全國性的土地調查（太閤檢地），並頒布《刀狩令》限制人民擁有和使用武器。此外，還發布《總無事令》禁止私鬥，包含村落之間、大名之間的鬥爭，違反者將受到處分，例如調換領地等。在這樣的制度下，領地早已不是大名所有，而是國家的財產，國家隨時都可以切斷土地和武家的連結。

同時也完全阻止了農民武士化。藉由土地調查明確記錄土地的面積和所有者，人民再也不能逃避農耕和納稅。即使對國家有所不滿，因為手裡沒有武器，也沒辦法發起武裝起義。所有人的身分地位從此無法改變。

戰場消失後，到處都是失業的地侍。他們到處尋找願意雇用自己的地方，並且被迫從成為武士或回去當農民之間做出選擇。

豐臣秀吉允許大名家族保留兵力，但會嚴格統治大名，有時還會藉由分割大名和兵力的方式來實現「和平」的目標。事實上，將武力從農村社會分離出來後，終於才看到走出戰國的曙光。

失去地位的公家

豐臣秀吉禁止「自力救濟」的行為，結束了過去會牽連到人民的領土擴張戰爭和私鬥。整個時代因為新的統治制度暫時獲得「和平」，並開始進一步發展。

當時「朝廷的權威」加強了《總無事令》等豐臣秀吉的法令效力。

正因為豐臣秀吉擔任輔佐天皇的「關白」一職，並以朝廷形式頒布政令，一般民眾才願意服從其權威。

這點證明了，在人民眼裡朝廷依然保有威嚴。

就武家看來，利用朝廷威嚴有其方便之處，但那不過是虛有其表的威勢罷了。在那個時候，代表天皇的公家已經失去一直以來的權力，關白只是形式上的職位。別說是作為當時的掌權者豐臣秀吉輔佐天皇了，天皇反而還得看豐臣秀吉的臉色。

追溯古代，可以發現過去國家權力的頂點是天皇。然而，隨著武士在平安時代的崛起，天皇的地位逐漸削弱。武家權門和公家權門的權力關係出現逆轉，最終公家權門連職位都被奪走。鎌倉幕府和室町幕府時代也一樣，中間也有試圖奪回政權的上皇和天皇，但最終都遭到推翻，公家就這樣被趕下歷史的舞台。

此時的世界大事

1555年蒙兀兒帝國復國

蒙兀兒帝國是巴布爾在16世紀初於北印度建立的伊斯蘭國家。第一任皇帝勢力薄弱，第二任皇帝胡馬雍被迫逃離德里。1555年，胡馬雍奪回德里，恢復蒙兀兒帝國，並在之後成為統治整個印度的帝國。

從應仁之亂到戰國時代這段時間，失去權力和財力的公家大部分都流落到地方。朝廷除了人手不足，還陷入財政困難。與之相反，武家的權力則愈來愈強大，公家還得期盼武家給予經濟援助，好度過這個艱困的時期。

儘管如此，天皇和公家的存在本身並沒有因為「武家政權＝政府」而遭到否定。舉例來說，在進行重要的「改元」時，必須經過複雜的程序，沒有公家就不可能順利完成。

十六世紀以後，武家為了加強自身權威，要求公家授予官職，而公家為了穩定財政，要求武家負擔各種費用，在這一來一往下，雙方之間的關係愈來愈緊密。

豐臣秀吉擔任關白也是基於這樣的關係。

但為什麼豐臣秀吉不是擔任將軍，而是成為關白呢？照理說，不會只是為了提高新法令的效力而做出這樣的決定。

其中一種說法是，豐臣秀吉想要成為足利義昭養子（承認他為自己的孩子），結果遭到拒絕。儘管足利氏已然沒落，但足利家族在將軍一職的歷史上相當地顯赫。若是能夠成為足利氏的養子，所有人都會同意他成為將軍。不過，足利義昭並沒有聽從豐臣秀吉的提案，最後豐臣秀吉不得已只能擔任關白。

除此之外，也有人認為豐臣秀吉打從一開始就希望擔任關白。關白全面掌握國政，是臣子中地位最高的官位。也就是說，可以看作是能夠獲得公家和寺社實質控制權的職位。豐臣秀吉或許已經仔細思考過將軍並不包含公家和寺社的控制權這一事實。

想必對於統一天下之人來說，統一三個權門相當重要。

德川家康也是這麼認為。

德川家康從豐臣秀吉去世前後，就開始向當時的天皇後陽成天皇獻上藥品和仙鶴，彰顯自己的存在感。之後，在德川家康首次單獨晉見天皇時，朝廷以舉辦正式酒宴的方式來接待他。換言之，天皇承認在豐臣秀吉逝世後，統一天下之人是德川家康。

然而在另一方面，朝廷中還有其他不可忽視的存在，也就是豐臣秀吉的遺孤——豐臣秀賴。

在關原之戰獲得勝利後，德川家康統治全國已成定局，但朝廷仍在豐臣秀賴身上看到「豐臣政權」的存在。

證據就在於，朝廷將豐臣秀賴視為關白豐臣家族的繼承人，以前所未有的速度提升他的官位。而且在德川家康的孫女千姬與豐臣秀賴的婚禮上，許多公家都出席，並大肆慶祝了一番。

在這個時期，朝廷站在一個關鍵的交叉口上，眼前必須面對的是急需確認未來統治者的情況。對德川家康來說，也是必須謹慎應對的時刻，不能放過豐臣秀賴任何動向。公家權門處於要比所有人都要早一步感受到這種時代轉變的立場，並根據政權決定自己的位置。即使公家權門已經被趕下舞台，他們也沒有隨波逐流，而是以這種方式來取得自己的立足之地。

然而最終的結果是，德川家康打敗豐臣家。

德川家康在豐臣家滅亡後，分別利用《武家諸法度》和《諸宗諸本山諸法度》

來管理武家和寺社的秩序。關於這點會在最後一章進行詳細的說明。

公家也不例外。

德川家康以《禁中並公家諸法度》強制為公家帶來新的秩序，朝廷的權限也受到進一步的干涉。

這些都是在豐臣家瓦解後，迅速推進的事項。

從德川家康的角度來看，眼前有一個名叫豐臣秀賴的關白候選人時，要控制寺社和公家一定不是件簡單的事。畢竟他與織田信長和豐臣秀吉一樣，希望快點統一三個權門。

在終於實現三權門統一的同時，德川幕府的「和平」也隨之而來。

接下來就讓我們透過統一天下之人的一生，來了解這個「和平」為日本帶來了什麼樣的社會。

戰國時代的偉人❶

統治關東的武士

北條早雲

Souun Houjou

1432～1519

「統一伊豆」後，從此開啟了戰國時代

北條早雲作為在關東一代稱霸5代，共100年的北條氏第一任家主為人所知。因其自稱為伊勢新九郎，一般認為其來自於室町幕府的幕臣家族伊勢氏。他在京都被捲入應仁之亂，投靠嫁給駿河大名今川義忠的姊姊，並在今川義忠逝世後，以今川義忠嫡子今川氏親的舅父身分嶄露頭角。

在負責代理今川氏親的重臣企圖篡奪家主之位時，北條早雲擊垮這些人，並幫助外甥坐上家主之位。今川氏親為此將興國寺城賞賜給北條早雲，北條早雲權勢因此大大增強。之後，北條早雲打敗堀越公方的足利茶茶丸，並征服了伊豆。據說，戰國時代就是從攻打伊豆開始的。北條早雲接著還平定相模，取得北條氏的根據地小田原城。作為武將，北條早雲以狡猾的戰略而聞名；相對地，作為領主，他減輕稅額、重視福祉，實施了善政。

第二章

織田信長

大傻瓜的誕生——織田信長出生——

一五三四年，織田信長作為織田彈正忠信秀的嫡長子出生，乳名為吉法師。

織田信長出生的織田家相當於尾張守護代織田氏的一個分支，也就是守護家臣的家臣。儘管如此，織田信長的父親織田信秀仍然指揮著尾張（今愛知縣西部）的國人和具有影響力的地侍，並作為尾張最有實力和權力的人物而聞名。

與之相反，他的兒子織田信長在青年期以「大傻瓜」的形象為人所知。他會咬著瓜果在街上閒晃、直接站著吃年糕或是懶散地靠在他人身上，任誰看了都覺得他是「大傻瓜」。而且他十九歲時，還以沒穿和服的褲裙，以繩子將太刀和短刀捆起來的怪異模樣出席父親織田信秀的葬禮，並抓了一把沉香扔在佛祖前面後就轉頭離去，也難怪家臣會生氣。在織田信長成為繼承人後，幾個有權勢的國人都離開了彈正忠家。到最後，在織田信長的統治下只剩半個尾張。儘管底下僅有半個尾張，局勢仍然不穩定，因為織田信長的身邊有好幾個試圖取代他的親信。

其中，只有一個武將覺得這樣的織田信長具有聰明才智，也就是大約在三年前，因同盟而聯姻的正室之父，美濃（今岐阜縣南部）的齋藤道三。正如齋藤道三所料，織田信長以二十五歲的年紀，完成統一尾張的目標。他討伐世世代代侍奉的守護，殺死哥哥、弟弟和叔父，並取得位於要衝的清洲城（今愛知縣清須市）和岩倉城（今愛知縣岩倉市），還晉見了當時的室町幕府將軍足利義輝，他的名字以驍勇善戰而為人所知。另一方面，在尾張東邊的「海道一弓取」（武力強大之人）今川義元正準備進攻織田信長領土。

要行動就趁現在 —桶狹間之戰—

今川家是武家世家。家主今川義元是足以與甲斐（今山梨縣）的武田信玄、相模（今神奈川縣）的北條氏康交鋒的猛將。他向西擴張領地後，統治範圍擴大到遠江（今靜岡縣西部）和三河（今愛知縣東部），接著又試圖奪取織田信長的領土尾張。因此織田信長為了搶奪位於尾張和三河交界處的鳴海城和大高城，在這兩座城附近建造五座用來攻城的堡壘。今川義元在得知這一消息後，從駿府（今靜岡縣靜岡市）出發前往營救這兩座城。

雙方在一五六〇年爆發了「桶狹間之戰」。

今川軍是超過兩萬的大軍，相較之下，織田信長的主力部隊只有兩千人左右，連特別行動隊的人數都不太夠。儘管寡不敵眾，但如果織田軍不在這裡阻止今川義元，就有可能失去清洲城。

然而，在這樣的困境中，織田信長卻一動也不動。他巧妙地擺脫焦慮的重臣，朝著寢室走去。重臣一片哀嚎，都認為這下沒救了，但其實織田

1560年左右東海地區的關係

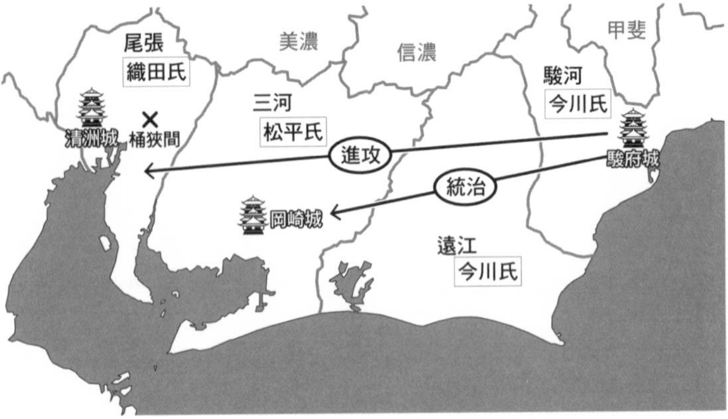

信長只是在等待機會。畢竟正面迎戰數以萬計的軍隊，不可能取得勝利。因此，他在等待今川軍分散開來前往堡壘的時候。

直到早上從鷲津砦（位於今愛知縣名古屋市）和丸根砦（位於今愛知縣名古屋市）這兩處堡壘傳來發現今川軍的消息後，織田信長才表示「趁現在行動」。因為今川的主力部隊兵分兩路攻擊堡壘，數量上一定會有所減少。

「人生五十年，與天地長久相較……」

織田信長跳著歌誦世間無常的《敦盛》，穿著盔甲大口吃著泡飯，不疾不徐地騎馬上陣。他甚至沒有下令出征，只帶著五名騎著馬的隨從和幾名兵卒就進入善照寺砦（位於今愛知縣名古屋市），待集結了大約兩千名士兵後，織田軍移動到中島砦（位於今愛知縣名古屋市），並且為了與人數減少的今川主力部隊交戰，進一步往前推進。

今川軍隊的數量依然龐大，但織田信長知道他們其中有很多人都不是戰鬥人員。相較之下，織田信長率領的主要部隊，是在兵農分離政策之下聚集起來的專業戰鬥員，機動性也很高，因此他們對於取得勝利胸有成竹。

恰巧此時下起暴風雨，風雨大到連樹木都倒塌，軍隊前進的氣勢也愈來愈猛烈。織田軍一口氣往前衝刺，與今川軍爆發衝突。當織田的軍隊湧入大本營時，今川的軍隊一瞬間就亂成一團。最後織田信長打敗今川義元，如計畫般地獲得勝利。

這時在今川的軍隊中，有一名三河的年輕武將松平元康，也就是後來的德川家康。他作為松平氏的人質長期待在駿府，不僅沒辦法回到根據地岡崎城（愛知縣岡崎市），還得作為今川義元的家臣出戰。松平元康在今川義元戰死後回到岡崎城，成功實現獨立的願望。兩年後，即一五六二年，他與織田氏結為同盟。

此時的世界大事

1542年沙勿略抵達果阿

在羅馬教宗的權威隨著宗教改革的興起產生動搖時，耶穌會的聖方濟・沙勿略在教宗保祿三世的授權之下，作為基督教傳教士以印度果阿為據點展開傳教活動。沙勿略之後還在一五四九年登陸日本鹿兒島。

桶狹間之戰的勝利對織田信長來說相當關鍵。他以此為契機，開始進軍其他國家，朝著擴大領土的目標前進。

然而，在一五五六年岳父齋藤道三死在嫡子齋藤義龍的手中後，織田信長就被迫為了穩定美濃而展開長期戰。這場戰爭持續到一五六七年織田軍攻陷齋藤氏據點稻葉山城（位於今岐阜縣岐阜市），從桶狹間之戰後共耗時了七年的時間。

在此期間，將軍足利義輝在京都遭到三好長逸等三好三人眾和松永久秀殺害。足利義輝遁入空門的弟弟足利義昭（法號覺慶）流亡到越前（今福井縣北部）。織田信長的命運因為這件大事出現了極大的變化。

以將軍作為跳板 ─上洛戰─

足利義昭在逃亡地多次催促各大名盡一切努力讓他坐上將軍之位。據說織田信長很早以前就接到這個要求。

若是和足利義昭一起前往京都，他作為將軍的支持者，將會獲得巨大的權力，織田信長當然不會放過這個機會。為了開闢出去京都的道路，織田信長開始攻占伊勢（今三重縣東部、愛知縣和岐阜縣一部分）的北部和中部，並成功占領這些區域，順利做好前進京都的準備。

接著，織田信長將湖南的（今滋賀縣大津市、草津市等）的六角氏逼到絕境並驅逐到甲賀一帶（今滋賀縣甲賀市）。北近江（今滋賀縣長濱市、米原市等）的部分，則是讓妹妹阿市嫁給領主淺井長政，結成同盟關係。至此已經清除掉所有在路途上會造成威脅的人，於是織田信長與足利義昭一起前往京都。

因應織田信長這些舉動，殺死足利義昭的哥哥足利義輝的三好三人眾勢力離開京都，前往畿內（京都附近的國家。主要是今京都府、大阪府、兵庫縣、奈良縣）各城避難。這時織田信長已經與三好派的松永久秀聯手，再也沒有人會妨礙他們進入京都。一五六八年（永祿十一年）九月二十六日，織田信長和足利義昭終於抵達京都。次月，經朝廷下令，足利義昭如願擔任征夷大將軍。

織田信長在路途上也沒有時間休息，他開始計畫清剿畿內，鎮壓躲藏在各處的三好勢力，利用大軍迅速擊潰對方，僅僅用了七天就平定畿內，並讓畿內各地的統治者臣服於足利義昭。

之後也曾不時地發生藏在阿波（今德島縣）的三好一派衝進京都，襲擊足利義昭臨時御所[*9]的事件，但對於足利義昭來說，與以前相比日子過得安心多了。畢竟在哥哥足利義輝遭到殺害後，他流浪了三年久才終於獲得將軍之位。足利義昭與幫助他抵達京都的織田信長度過了一段可以說是蜜月期的日子，但僅僅只維持了一年左右，之後兩人在權力問題上的衝突日益嚴重。

你的港口是我的 —奪取堺—

足利義昭勸織田信長擔任副將軍或管領[*10]一職，但織田信長都以這些職位沒有用處為由拒絕。取而代之的是，織田信長希望足利義昭可以讓堺（位於今大阪

*9 對將軍住所的敬稱。

*10 室町幕府的一種職稱，主要是輔佐將軍，管理所有的行政事務。

府）、大津（位於今滋賀縣）和草津（位於今滋賀縣）的港口成為他的領地。這三個港口都是日本屈指可數的大港口，由此可知，比起名譽，織田信長更重視實際利益。

織田信長的領地本身很小，但尾張的津島（位於今愛知縣）有港口。

是否擁有港口是影響領地經濟和軍事能力的關鍵。海運的速度和運送量優於陸運，只要擁有港口，就能直接獲得豐富的物資和武器。津島港的關稅收入和運輸量就為尾張帶來可觀的財富。

在前往京都時，織田信長還廢除了領地內的關卡。一般在各國關卡，附近的權威人士都會以過路費的方式收取物流稅。織田信長發現這是造成物流速度下

此時的世界大事

1543年哥白尼發表地動說

在羅馬教會認定是太陽和其他天體圍繞地球旋轉這一說法（天動說）的情況下，尼古拉・哥白尼以觀測到的天體運行為基礎，提出了地球會自轉，並以每年繞一圈的週期繞著太陽轉的說法（地動說）。

降，減少物資數量的原因，於是做出廢除關卡的決定。這個決定得到非常好的效果，不僅阻止附近的權威人士，即中間權力階層對領民的剝削，而且在改由織田信長直接與領民交易後，還提高了經濟能力和統治力。

但這並不代表津島港連從外國進口的產品都能夠輕鬆入手。從世界的角度來看，織田信長的少年時代也是各國貿易蓬勃發展的時期。從室町時代開始，東亞貿易圈就已經隨著葡萄牙和西班牙的加入而活化。在進入一五四〇年代前，日本白銀生產量激增，相繼出現一些打破自身國家的航行限制來到日本的商人。在這樣的背景下，商業貿易勢必會愈來愈熱絡。但事實上，當時的海外貿易僅限於九州、中國和四國的一部分，所以尾張除了透過堺購買進口品外別無他法。正因為如此，織田信長才會如此執著於獲得重要的大型港口。

如此重視商品流通的織田信長，最想得到的港口城市就是「堺」。

堺不僅具有商業價值，從軍事角度來看也很優秀。不僅可以迅速掌握各地的情勢，還可以妨礙東日本的市場流通。而且有許多鑄造師定居在堺，並大量製造刀槍，因此堺在當時是日本最大的軍需生產都市。織田信長如果控制槍枝出貨，各地大名將很難獲取武器。這種扣留貨物的行為可能會對不靠海的山區國家造成很大的打擊，例如武田信玄的領地。或許甚至可以說，獲得堺就等於是掌握全日本。

再加上，堺的富商和吉利支丹（天主教徒）之間的關係相當密切，南蠻貿易全權由他們負責。當時必須透過南蠻貿易才能買到戰爭不可或缺的槍彈和火藥原料。織田信長之所以對吉利支丹態度寬容，也是為了確保這個貿易管道。只要連貿易的負責人堺商人都掌握在手中，那這個管道就會成為織田信長的囊中之物。

織田信長要求足利義昭給予他統治京都及其周邊工商人民的所有權限。即便如此，這些商人也不會輕易地服從。

在織田信長來到京都前，表面上堺是由三好家統治，但實際上是由一個名為會合眾的富商團體進行自治。織田信長為了鎮壓畿內，向他們索取金額相當於現今二十億日圓的「矢錢」（軍事費用）。不過，會合眾拒絕給予矢錢，並組建私人的武裝團體，表現出反抗態度。在織田信長打敗三好勢力後，會合眾最終還是交出矢錢並接受統治，但堺其實具備對抗織田信長的力量。

在統治堺的同時，織田信長在領地內推動了名為「樂市樂座」的商業政策。「座」是指同業者所組成的組織。當一個地區出現過多從事相同行業的人，就會破壞市場的經濟平衡，但透過同業人士組成「座」進行協商、調整供需，就能避免面臨同歸於盡的情況。

然而，這個「座」系統卻壟斷市場，會員經常行使特權，例如單方面決定價格、將新興商人拒於門外等。

「樂市樂座」是禁止「座」掌控市場的一項劃時代商業政策。除了免除業者的賦稅，而且無論是逃亡者還是罪犯，所有人都可以進入市場。

從這個政策中可得知，織田信長試圖用新的系統來主導經濟。

在織田信長出現之前，堺一直是自主武裝，擁有媲美一國大名的自治權。如果當時堺在不受織田信長控制的情況下發展成商人都市；若是堺進一步發揚被外國人稱為東方威尼斯的自由風氣……也許不用等到豐臣秀吉和德川家康，早就可以從堺開始推動日本近代化。

織田信長千鈞一髮 —姊川之戰—

一五七〇年，織田信長率兵進入越前（今石川縣和福井縣）。

越前的朝倉義景曾經收留流亡中的足利義昭。他與足利義昭有很深的緣分，從以前就是個不可忽視的人物，如果置之不理，就有可能成為阻礙。

於是織田信長以足利義昭的名義，對所有大名下達前往京都的命令，以此觀察朝倉義景的態度。做事謹慎的朝倉義景當然無視這一命令。於是織田信長以此為由，硬是指稱朝倉義景支持謀反者，並出其不意地攻打朝倉的領地。

織田信長對朝倉的天筒山城（位於今福井縣敦賀市）發動一系列猛烈攻擊，並成功攻陷這座城堡。不過，在乘勝追擊逼近金崎城（位於今福井縣敦賀市）時，卻傳來壞消息——本應是同盟的妹婿淺井長政發動叛變。

淺井長政之所以會這麼做，是因為當初決定同盟的條件之一是，織田信長要尊重淺井氏與朝倉氏之間的關係，但織田信長卻違背了這個約定。

織田信長陷入劣勢。在這樣的情況下，不知道淺井的軍隊何時會現身，但率兵回京都的路程又相當險峻，畢竟之前以淺井盟友的身分，從容不迫地通過的那條路，現在已然成為敵人的陣地。要想擺脫這一危機，就只剩強行撤退這一條路，於是織田信長決定賭一把，挑戰嚴峻的撤退路線，史稱「金崎撤退戰」。

這個決定成功於否，取決於位於撤退路上的朽木村（今滋賀縣高島市）。朽木村的領主朽木元綱與淺井氏締有主從關係，但扎根於土地的朽木氏和淺井氏之間的關係卻很薄弱。織田軍受到盛大地歡迎，並順利通過村子。最後織田信長平安地回到京都。

這裡有一段大家都耳熟能詳的故事——之後崛起的豐臣秀吉，也就是木下藤吉郎在此次撤退中為隊伍殿後，表現相當活躍。其他還有德川家康也是參與作戰的主要武將等説法，但這些都是捏造的內容。

決心洗刷撤退恥辱的織田信長，在好不容易回到岐阜城（岐阜縣岐阜市）時，得知曾是敵人的北近江堀秀村加入自己的陣營，於是抓緊機會出兵。為了攻占淺井氏的大本營小谷城（位於今滋賀縣長濱市），織田軍將目標放在有機會成為進攻點的橫山城（位於今滋賀縣長濱市）。最後雙方隔著流過橫山城北邊的姊川相互對峙。

在織田軍旁邊的是前來支援的德川軍；在淺井軍身旁的則是朝倉義景派來的朝倉軍。在分配上，淺井和朝倉分別進攻織田和德川。淺井軍的先鋒磯野員昌攻勢相當猛烈，但早已擊敗朝倉軍的德川軍，趁著空檔從側邊攻擊淺井軍。淺井軍在織田和德川的夾擊下往北撤退。「姊川之戰」由織田軍取勝，但由於未能攻下小谷城，所以雙方並沒有做出了斷。

之後也有一段和平相處的時期，但織田信長和淺井與朝倉仍然保持著敵對關係，直到三年後才決定出勝敗。一五七三年，朝倉義景被織田信長逼到走投無路，最後切腹自殺，朝倉家的年幼的嫡子也遭到殺害，至此，朝倉氏滅亡。

同年，小谷城被包圍，淺井長政也選擇自盡。

淺井長政的正室，也就是織田信長的妹妹阿市與三個女兒一起回到織田家。但尚且年幼的嫡子萬福丸卻被處以用生鏽的長矛從臀部刺穿的串刺之刑。

我的人生因此改變——織田家的女性——

以戰國第一美女著稱的阿市，或許在作為織田信長的妹妹出生時，就注定了她悲慘的一生。

彷彿是為了抵抗自身的悲劇，阿市在策略聯姻中找到愛情，但這個結果卻讓自己落入更加悲慘的境地。如果她在織田和淺井的同盟關係破裂時及早回到娘家，也許就不會看到淺井家最後悽慘的模樣。

在當時那種情況，通常女性都會離婚回娘家，但阿市卻選擇留下。這個決定展現出她選擇站在丈夫淺井長政這一邊的堅強意志和深厚的愛情。在娘家殺死與她鶼鰈情深的丈夫，並對淺井家的繼承人，也就是自己的兒子處以串刺之刑後，她還是回到娘家。由此可見，阿市的心理素質應該非比尋常。

然而，悲劇並沒有就此結束。

織田信長死後，織田家召開清洲會議討論繼承人和領土分配，並決定將阿市嫁給柴田勝家作為正室。對於戰國時代有力人士來說，家族的子女是政治協商的工具。織田信長的兒子，也就是阿市的姪子織田信孝，為了拉攏對抗羽柴秀吉勢力的關鍵柴田勝家，便將阿市當作禮物送給對方。

雖說如此，在前夫淺井長政死後，無論織田信長再怎麼勸阿市再婚，她都沒有點頭答應，但她卻同意嫁給柴田勝家，由此看來，不能斷言她是作為一個沒有主見的工具出嫁的。當時三十七歲的阿市，也許是考慮到年齡、對羽柴秀吉的敵意（消滅淺井家的最大功臣），以及女兒們的未來，她決定試圖在與柴田勝家的婚姻中尋找安寧。

然而，命運再次將阿市推向困境。羽柴秀吉和柴田勝家因為清洲會議的繼承人問題起爭執並交惡。

織田家的關係圖

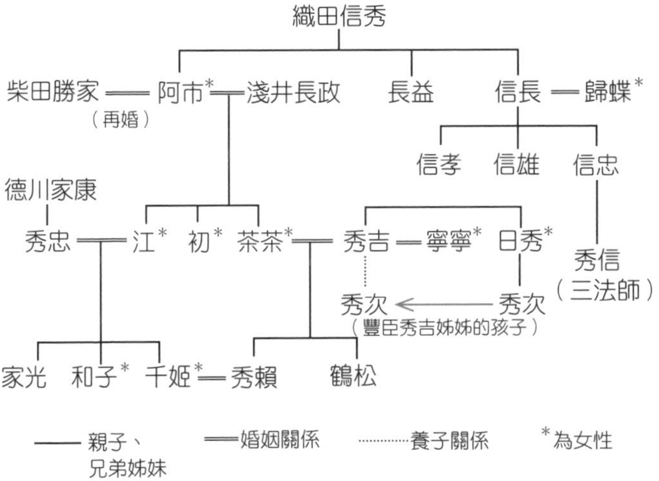

一五八三年，羽柴秀吉和柴田勝家之間的對立演變成賤岳之戰，戰敗的柴田勝家在北庄城（位於今福井縣福井市）迎來自己的死期。阿市的三個女兒都逃到城外，但她卻留在城內，準備與柴田勝家一同自盡。在下午四點左右，柴田勝家、阿市夫妻與約一百四十位的家臣、側室、女房一起在熊熊烈火中自盡。

逃出城的三姊妹中，長女茶茶結婚的對象是豐臣秀吉，也就是將自己的父母逼死的仇人，並生下兩個男孩，分別是鶴松和秀賴；老三江則是成為德川家康的兒子德川秀忠的繼室。而在不遠的未來，茶茶的兒子豐臣秀賴會在大坂夏之陣被江的公公德川家康擊敗。

江生下第三代將軍德川家光，以及嫁到天皇家的和子，讓淺井氏和織田氏的血脈得以繼承將軍家和天皇家。

次女初則嫁給大名京極高次，在豐臣秀吉死後，她努力在豐臣家和德川家之間周旋、調解，並渡過戰亂的時代。

淺井家三姊妹的命運和母親一樣坎坷，造成這種結果的間接原因之一或許就是她們的舅媽，即織田信長的正室，以歸蝶這個名字為人所知的女性。歸蝶為了美濃和尾張的結盟接受策略性聯姻。歸蝶生涯後期的狀況不明，有人說她與織田信長一起在本能寺喪命，但一般認為她年紀輕輕就過世，從歷史的舞台上消失。

織田信長除了歸蝶外並沒有迎娶其他正室。正室是代替家主管理內宅的重要人物，因此可以說，在正室的缺席下，影響了織田家三姊妹的未來。

將軍的陰謀 —建立包圍網—

足利義昭和織田信長在到達京都後不到一年就開始起衝突。但在表面上，兩人依然保持著將軍和其支持者的關係。

與織田信長相反，足利義昭這個人經常被描寫成愚笨的人、傀儡將軍，但實際上歷史到底是如何評價他的呢？

由江戶幕府編撰的《德川實紀》是一本在一八四三年完成，以歷史的勝利者德川的角度來撰寫的歷史書。在這本書中，足利義昭不僅不是魁儡，甚至還被定位為「中世紀權威、權力的核心」。對德川家康來說，具有重要意義的「五大戰役」中，姊川之戰、三方原之戰、長篠之戰這三場戰的共通點是，對手都是室町幕府第十五代將軍足利義昭。

《德川實紀》中記載：「織田信長擁戴足利義昭，在畿內壯大勢力，為足利家的復興立下汗馬功勞。但織田信長經常獨斷專行，讓足利義昭感到厭惡，所以足利義昭表面上重用織田信長，但實際上卻在計劃推翻織田信長。」

根據書中的描寫，足利義昭是個作為中世紀權威、權力的核心，積極對抗新時代的象徵織田信長的人物。事實上，足利義昭設計了許多計謀，讓織田信長吃盡苦頭。對織田氏來說，無論再怎麼設法控制，足利義昭都是無法操控、不能小看的人物。

足利義昭私底下與過去的仇敵松永久秀、三好三人眾，以及遠在甲斐的武田信玄聯繫，而且不僅是淺井、朝倉，還與一向一揆的領導人石山本願寺的顯如聯手，組成反織田信長勢力。

這個勢力的工作是安靜、確實、有效果地建立「信長包圍網」。

決不饒恕僧侶　－反宗教勢力－

一向宗在當時接納了許多遭到社會排斥的人，例如修驗道的修行者、算命師和演藝人員，也是無處可去的人們可以獲得歸屬的地方。他們沒有血緣關係，以信仰作為聯繫，所以會強烈地執著於保護自己唯一的歸屬之地，以及這個地方的權利，最後這個想法演變成強大的武力集團，甚至對統一天下之人造成威脅。

顯如是組織的首領，又是創始人的後代，他說的話

此時的世界大事

1599年義大利戰爭結束

繼任羅馬皇帝的哈布斯堡家族和法國王室瓦盧瓦，在義大利展開長達五十年左右的戰爭，最後簽訂了卡托-康布雷齊和約。這是一場以騎士為主的戰爭，也被稱為是以槍枝和大砲為主的軍事革命。

是絕對的真理，對門徒來說，無倫是在信仰上還是群體上，被逐出教門就意味著下地獄和死亡。基於這樣的宗教特質，顯如才能跨越國界動員大批門徒戰鬥員。

不僅如此，在一向宗起義的背後還有經濟上的利害關係。

本願寺所在的石山作為水路運輸的要道，位於堺和博多之間，具備外國商船能夠入港的絕佳地理條件。石山既是宗教城市，也是重視貿易的織田信長無論如何都想得到的商業城市。如果得不到，就會對堺和博多的交易造成阻礙。

另一方面，為了誓死捍衛自治權，顯如的立場是必須堅決阻止織田信長的企圖。而且與織田信長交情深厚的吉利支丹，也被視為必須保持警戒的新興宗教。織田信長和顯如秉持著各自的信念，不斷地發生激烈的衝突。

織田信長在與這樣的宗教組織進行鬥爭時，一向都是採取殲滅戰，並試圖用殘酷的行為來以儆效尤。

一五七一年（元龜二年）九月十二日，織田信長對天台宗總本山——比叡山延曆寺（滋賀縣大津市）進行火攻。如果說顯如是新世代的寺社勢力，那延曆寺就是舊世代。延曆寺在侍奉神佛的同時，還經營放貸業務，在當時甚至是日本屈指可數的資產家。在織田信長眼裡，延曆寺也是經濟上的競爭對手。

織田信長先在延曆寺統治下的坂本町（位於今滋賀縣大津市）放火，一個也不剩地燒毀許多僧侶居住的堂舍和街上的房子。不僅如此，織田信長的軍隊還追捕、殺害到處逃竄的僧侶。一般民眾也被捲入其中，就連女性和孩子都慘遭毒手。當然也沒有放過位於山頂的延曆寺，裡面的人大部分都被燒死。據說死亡人數超過一千人。接著在三年後，織田信長又以殲滅戰鎮壓長島（位於三重縣桑名市）的一向一揆（一揆即起義之意）。

長島位於伊勢和尾張的交界處，是由木曾川、長良川、揖斐川這三條河匯流而成的大型沙洲。沙洲內的願証寺以教團指揮塔的身分建造許多城堡，並推翻大名和國人等周圍的統治勢力，形成一個強大的神聖地帶。而且長島這個神聖地帶還收留許多遭到國家驅逐的前權貴和罪犯。裡面的人都非常團結，織田軍至今被打敗了兩、三次之多，織田信長還因此失去了弟弟織田信興和家臣氏家卜全。

一五七四年（天正二年）七月十四日，織田信長率七萬大軍對武裝起義的根據地長島城（三重縣桑名市）進行猛攻。這場攻擊持續超過一個月，織田信長為了讓城內人口變得密集，再切斷敵軍軍糧，將門徒全都趕入城內。九月二十九日，長島城的人們終於精疲力竭，向織田信長請求投降。許多守護城堡的士兵在因飢餓而意識模糊的情況下從城堡撤退。然而，織田信長卻違背會饒他們一命的承諾，下令進行全體掃射。

長島的士兵接連喪命，但仍有七、八百個倖存者，這些人展開了最後的反擊，衝向織田軍。織田信長的親屬和周圍騎馬的武士大多都被長島的士兵斬殺。織田信長大發雷霆，在城堡的周圍架設防止逃跑的柵欄後，毫不留情地放火。據說在這場殲滅戰中，有兩萬門徒遭到殺害。

織田信長和顯如之間的衝突並沒有就此結束，雙方持續進行攻防戰。

一五七六年，就連安藝國的毛利氏都加入本願寺的行列，於是，以毛利水軍為主力的瀨戶內海水軍與織田軍在海上展開激烈的戰鬥。

毛利氏最終放棄與織田軍對抗，顯如也被迫停止抵抗，畢竟當水軍拒絕搬運武器和軍糧時，無論是誰都無計可施。「石山合戰」這場與本願寺激烈的戰鬥於一五八〇年劃下句點。

織田信長如願得到大坂，但僅僅過了兩年，他就迎來死亡的命運。

column 2

槍械的誕生

歐洲製造的槍械傳入種子島

據說，擁有槍械集團雜賀眾的本願寺，在石山合戰中對抗織田信長時，將士兵分成兩隊輪流用八千把槍射擊敵軍。一五四三年傳入種子島（位於今鹿兒島縣熊毛郡）的槍械不僅提高了武士集團的戰鬥力，也增強了民間武裝組織的抵抗能力。

人類在發明槍械之前，已經製造出了各種火器。例如，東羅馬帝國在七世紀後半葉使用了一種名為「希臘火」的火焰噴射器；十三世紀後半葉在蒙古軍襲擊北九州的「元日戰爭」中，使用了一種名為「震天雷」的火藥武器，類似現在的手榴彈，讓日本武士飽受折磨。每當開發出新的型態，武器的威力都會增強，並改變各個時代和國家的戰鬥方式。

目前尚未確定發明出火藥的國家和時間點。一般認為火藥發明於七世紀的中國，但

圖為在長崎縣鷹島町出土的「震天雷」。上面有個用來裝入火藥的孔洞。

也有一種說法認為火藥起源於歐洲，是修道士貝爾特盧特・施瓦茨在惡魔的幫助下發明出來的，但不確定其活動年代是十四世紀到十五世紀這段時間中的什麼時候，所以大部分的人都覺得他是個虛構人物。

不過可以確定是，槍械的原型是在十五世紀的歐洲製造出來的。這是一種名為「鉤銃」的「個人攜帶式武器」。上面帶有鉤子而且裝有墊肩和固定火繩兼扳機的零件。之後會演變成S5型蛇形步槍，也就是傳入日本的「火繩槍」前身。

武田信玄逝世　－包圍網瓦解－

一五七三年（天正元年）四月，織田信長最畏懼的人物——武田信玄病倒了。在病倒的前一年，武田信玄以打倒織田信長的名義出兵，於三方原之戰（位於今靜岡縣松濱市）擊敗德川軍。武田信玄在遺言中表示要隱瞞三年他死亡的消息。從這點可以想像出，在織田信長得知這件事時，不知道鬆了多大一口氣。

受到足利義昭煽動的信長包圍網成員都相信，無論織田信長如何掙扎，只要武田信玄來到京都，織田信長就毫無勝算。可能連足利義昭都如此期待，所以在織田信長強硬提出十七條意見書，甚至公開指責他改變態度時，他都毫無反應。

在織田信長眼裡，武田信玄與他一直保持著友好關係，但同時也是隨時可能接受足利義昭邀請的人，所以長年以來都令他提心吊膽。事實證明，就如同預想的一樣，織田信長和武田信玄的關係已經到了無法修復的程度。

一五七二年，織田勢力和武田勢力爆發衝突，也就是歷史上的三方原之戰，這場戰爭以壓倒性的戰力差距分出勝負，武田信玄取得勝利。當時擔任織田方大將的德川家康狼狽不堪地逃回濱松城（位於今靜岡縣濱松市），這部分在第四章會進行更詳細的介紹。假設武田信玄沒有病逝，那織田信長的統一戰爭想必會更加艱難。

一五七三年（元龜四年）七月十八日，幕府將軍足利義昭被逐出京都。

從幾個月前開始，織田信長就一直在攻擊足利義昭，在足利義昭的宅邸遭到燒毀後，雙方暫時和解。但只要織田信長在身邊，足利義昭就不過是一個受到擺布的傀儡。所以在遭到驅逐的十五天前，足利義昭打破和平，躲到槙島城（位於今京都府宇治市），試圖進行最後的抵抗。

對此，織田信長乘坐一艘超大型的船隻從琵琶湖沿著宇治川而下，朝著槙島城進軍。這艘船是動員所有熱田神宮的宮大工[*11]和近江國的工匠，從同年五月開始建造的。長約六十公尺、寬約十三公尺，能同時容納三千到五千名士兵，大到令人吃驚。而織田信長命人在短的時間內建造完成。

*11 專門修建神社、佛寺等建築的木匠。

在織田信長乘著大型船隻出現，以及被由織田勢力的武將集結而成七萬大軍包圍後，足利義昭終於死心。他將嫡子作為人質交出去後投降，並遭到驅逐。足利義昭在被放逐後仍計畫打倒織田信長，但沒能成功。隨著石山合戰的結束，信長包圍網也跟著失效。

持續了兩百三十七年的室町幕府也與足利義昭一起從京都消失。

好奇心沒有盡頭 ─織田信長與數寄─

織田信長一直投入戰爭，但他並沒有把所有的時間都花在鬥爭上。他也是一位擁有一流的愛好，走在文化尖端的人。

其中他尤其喜歡茶湯。茶湯與我們所知道的茶道不同，現在的茶道蘊含有各種意義，已經超出接待客人這一行為的範疇。

享受茶湯的愛好者和茶室稱為「數寄者」和「數寄屋」。「數寄」一詞源自於日文同音詞「好き（喜歡）」。意思是「對想要、熱愛、喜歡的東西寄予好感」。在戰國時代主要是指「熱愛茶湯的人、茶具蒐藏家」。據説這種文化是以匯集貴重舶來品的堺為中心發展起來的。

對戰國武將來説，茶湯是一種禮法，是基本的素養。織田信長也是從小身邊就有許多身為數寄者的大人，因此養成數寄精神。由於參加者是大名等級的人，所以茶湯必須花費大量的金錢，只有富有資產的有力人士才有辦法舉辦，因此茶之湯成了展現尊嚴和彼此財富的場合。同時也是鞏固人際關係、打聽最新國內情勢等政治活動的一環。

根據傳記記載，織田信長是不能喝酒的體質，大家都知道他不會喝酒。一般認為這是他熱愛茶湯，

並將之作為各種談判管道的原因。

到京都後，織田信長曾兩度獵取名茶具。織田信長並不是強行奪走，而是向對方購買，但原主人即使不想賣，也只能拿出來。也有許多人會將名茶具獻給織田信長，作為友好的證明。

松永久秀贈送的「付藻茄子茶入」以如髮絲般的白色釉紋聞名，至今依然相當有名。今井宗久則是奉上松島茶壺和紹鷗茄子茶入。

織田信長會將如此蒐集來的名茶具代替領地和金錢作為賞賜。而且他還準備舉辦茶會的許可證，當作信賴的證明給予家臣。織田信長的茶湯許可證，也表現出了一個人的社會地位。之後豐臣秀吉將其稱為「茶湯御政道」。

此時的世界大事

1587年處決蘇格蘭女王

瑪麗・史都華因為涉嫌殺害丈夫達恩利勳爵而失去貴族地位。她逃往英格蘭求助女王伊莉莎白一世，但由於她也擁有英格蘭王位繼承權，導致雙方關係破裂，最後因被懷疑計畫暗殺女王而遭到處決。

除了茶湯外，織田信長也喜歡相撲、獵鷹和跳舞。他經常舉辦這些活動，並以此攏絡人心。當時，相撲大賽公演的市場由寺社壟斷，但織田信長打破慣例，自行舉辦相撲大賽，還將成績優異的力士提拔為家臣。

織田信長講究華麗，喜歡新事物的想法和風氣影響了許多戰國武將。織田信長作為時尚領袖，大大地激發了這些武將的美學意識。

織田信長的安土城（位於今滋賀縣近江八幡市）相當雄偉華麗，據說在某間鑲嵌黃金的房間裡，還裝飾著戰國時代首屈一指的畫家狩野永德所繪製的日本名勝畫。不過，織田信長最感興趣的外國物品，既不是衣服也不是藝術，而是葡萄牙人帶進種子島的強大新武器——槍械。

大量使用火繩槍 —長篠之戰—

一五四三年，當織田信長還是九歲的孩子時，在遙遠的種子島（位於今鹿兒島縣），漂來了一艘中國船。船員中有兩位葡萄牙人，他們兩個帶著所有島民都從未看過的武器——兩把槍和一把火繩槍，於是這次來訪成為日本武器歷史的轉捩點。從種子島的領主種子島時堯收購這些槍枝開始，槍械迅速傳播到九州地區。

從武器的演變來看，刀一直都是基本配備，但絕對不是主角。平安時代的主要武器是弓箭。自武士崛起開始主導戰爭後，戰場上的重點就成了騎射的個人戰。先是一小群一小群的騎兵相互射殺，緊隨其後的是重裝弓騎兵一對一大顯身手。這種廝殺的情況到了鎌倉時代末期發生了劇烈的變化。隨著足輕部隊的出現，主要武器換成長矛。足輕會排成整齊的隊伍，以密集的隊形前進，對他們來說，不必揮動的長矛非常趁手。然而，槍枝的出現改變了戰爭模式。

在石山合戰中讓織田信長吃足苦頭的雜賀眾，就是一個熟練槍械的軍事集團。雜賀眾是在紀州紀之川下游，由地侍一族組成的自治團體，其勢力範圍幾乎遍及整個紀州。他們以製造、擁有大量槍枝，以及先進的水軍能力聞名。並且將海外貿易作為資金來源，運用卓越的槍枝技術，頑強抵抗威脅其自治權利的勢力。

根來眾是另一個與雜賀眾並駕齊驅的槍械集團，但他們不是地侍而是僧兵。是位於紀之川中游的根來寺所組成的防衛組織，以一流的槍枝技術聞名。據說根來眾曾參與一五七五年的「長篠之戰」，這場戰役是織田信長戰勝強大的敵人武田氏，加速勢力發展的轉折點。

長篠之戰是一場爭奪長篠城（位於今愛知縣新城市）的戰役。長篠城建在兩條河流的交會處，位於北三河的要衝。這座城堡原本屬於德川家，但卻落入武田家手中。在德川家康奪回後，武田軍再度進攻，雙方爆發衝突。

當時，甲斐國的秩序正因為武田信玄的死而處於不穩定的狀態，家主之位由四男武田勝賴成擔任。本來

此時的世界大事

文藝復興廣泛流行

許多具文藝復興風氣的藝術家活躍於義大利，例如，李奧納多・達文西、米開朗基羅、拉斐爾・聖齊奧等。米開朗基羅在一五〇四年完成的「大衛像」，目前作為佛羅倫斯人的象徵放置在宮殿前的廣場。

應該是由長男成為繼承人，但長男有謀反的嫌疑，所以失去繼承權，並且早已死亡，因此召回已經繼承母親娘家的武田勝賴。不過，武田信玄留下的遺言中，留下了一句話：「勝賴是代理家主，在他成長之後再讓他成為繼承人。」也就是說，如果武田勝賴沒有表現出領導能力，就有可能被趕下臺。由此可知，在進攻長篠的時候，武田勝賴在家族的立場並不安穩。

與此同時，織田信長與本願寺達成和解，終於有時間喘口氣，但他也沒有因此忽略武田的動向。畢竟武田勝賴在前一年的戰爭中攻下中美濃明智城（位於今岐阜縣可兒市），若武田進一步奪取三河，打敗作為盾牌的德川，織田的領土也將受到威脅。無論如何，織田信長都必須阻止武田勝賴的侵略。

一五七五年（天正三年）五月，武田軍和織田、德川聯軍分別以一萬五千人和約三萬五千人的兵力出征。

決戰前夕，作為長篠城的使者在兩軍之間奔走的奧平家足輕「鳥居強右衛門」有個著名的小故事。鳥居強右衛門在向德川請求援軍的回程中，被武田軍抓住並綁在柱子上。武田軍對他提議：「只要回報說援軍不會來，就將你收編為武田軍。」鳥居強右衛門同意後，武田軍將他搬到長篠城附近，但與說好的相反，鳥居強右衛門高喊：「援軍來了！」武田軍立刻用長矛刺穿鳥居強右衛門，結束他的生命。

在鳥居強右衛門死後，兩軍在五月十八日隔著長篠城西側的連子川互相對峙，迎來決戰的時刻。

織田信長先發制人，採取德川家家臣酒井忠次想出的奇襲策略。從二十日晚上開始，酒井率領的特別行動隊四千人往南繞路，祕密抵達長篠城附近的鳶巢山砦（位於今愛知縣新城

長篠之戰

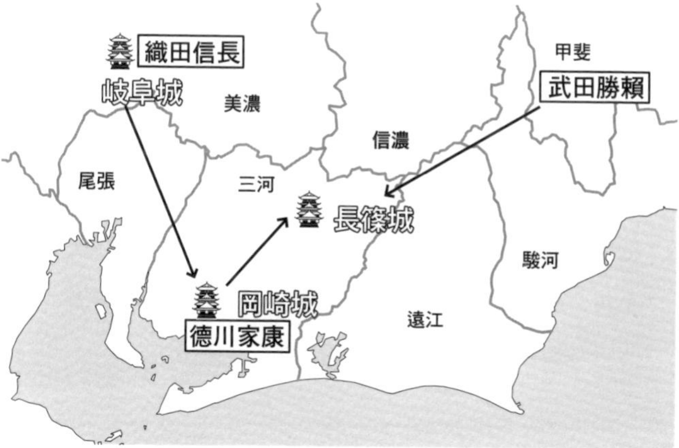

市）。酒井的軍隊在上午登上堡壘，並分散包圍長篠城的武田軍。

隔日二十一日終於來到決戰日，隔著連子川的兩軍爆發衝突。

武田軍突襲織田、德川聯軍以防馬柵和土壘防守的陣地。因為知道酒井部隊就在後方，所以他們只能不顧一切地往前進。山縣昌景、馬場信春等長年征戰的武田軍騎馬隊猛將採取波浪式攻擊。但聯軍的防禦非常堅固，在柵欄的另一側同時射擊，許多武田軍的兵將因此殞命。

據說，織田信長在此次戰爭中投入史上最多的槍枝，數量上說法不一，有人說一千把也有人說三千把。還有人說織田信長採取一種名為三段射擊的戰

此時的世界大事

1568年爆發荷蘭獨立戰爭

因為西班牙控制低地國（今荷蘭、比利時地區）的工商業利益，而且菲利普二世還強迫低地國人民信仰天主教，於是低地國為了獨立展開鬥爭。這場戰爭背後還有宗教和經濟方面的糾紛。

術，由三列槍隊輪流射擊，但目前尚未證實。不過，靠著大量槍械、防馬柵等陣地的防禦力，加上壓倒性兵力差距，讓織田信長順利取得最後的勝利。上午六點開始的決戰，在下午兩點時，以武田勝賴逃亡而結束。

在長篠之戰前，戰場上使用的武器頻率由高到低依序為長矛、弓箭、槍械。織田信長以實際行動調換了順序。此後，在大規模集體戰中開始大量使用槍械。

長篠之戰是日本軍事史的轉捩點，同時也是織田信長人生的轉捩點。

同年十一月二十八日，織田信長將織田家的家主之位讓給長子織田信忠。這是為了拋開織田氏的棟梁和將軍的擁護者的身分，以「統一天下之人」的姿態開啟新的開始。

長篠之戰結束後沒過幾年，在平定北陸的過程中，與織田信長作對，又在「手取川之戰」打敗織田家臣柴田勝家的強敵上杉謙信猝死。武田勝賴也沒能找回權勢，於一五八二年的「天目山之戰」中自殺。

隨著武田、上杉的威脅消失，全國統一已經近在眼前。

column 3

兩位名將與川中島之戰

命中注定的對手
武田信玄和上杉謙信的十二年鬥爭

武田信玄是一位以驍勇善戰聞名的戰國大名，一五二一年出生於甲斐（今山梨縣）的守護武田氏。他在經營領國方面也展現出過人的實力，制定了《甲州法度之次第》，努力維持秩序。武田信玄也很注重基礎建設，例如積極任用技術人員，並在洪水防治工程中建造了「信玄堤」等。

說起武田信玄的勁敵，就不能不提越後（今新潟縣）的戰國大名上杉謙信。從一五五三年起的十二年間，兩人在信濃（今長野縣）北部爆發高達五次的衝突。這一連串的交戰在歷史上統稱為「川中島之戰」。

上杉謙信在一五三〇年於守護代長尾氏出生，據說他是一位正義感很強的人。在成為名門望族上杉氏的養子，繼承家主之位和關東管領一職後，與北條氏和武田氏作戰，並努力盡到作為管領的職責。出兵川中島（位

五次川中島之戰

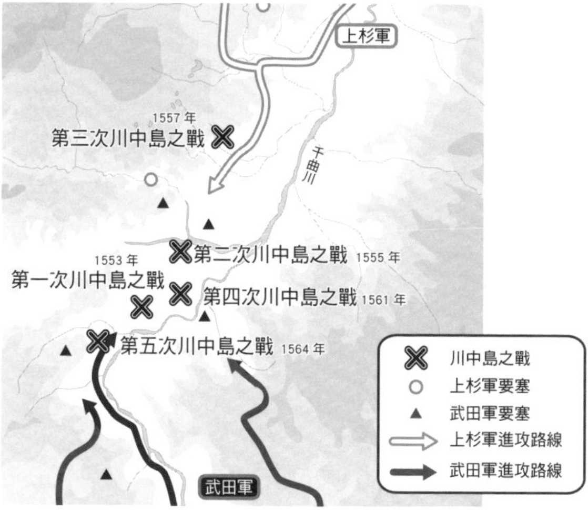

於今長野縣長野市南部）看起來也是他為了恪盡職守的一環。

在「川中島之戰」中最有名的是，以八幡原（今長野縣長野市）為主要戰場的第四次戰爭。武田信玄計畫了一個名為「啄木鳥戰法」的夾擊作戰，但被上杉謙信識破，進而發展成大規模的戰爭。

兩人的戰鬥直到第五次交戰結束也沒有做出了斷，但「川中島之戰」在戰國名將之間的戰役中頗具代表性，因此有許多人受到吸引，並創作出了各種作品。

下克上是戰國的精髓－本能寺之變－

一五八一年，衣冠楚楚的各國大名齊聚一堂騎著名駒在京都列隊前進，這是織田信長的大型閱兵儀式「京都軍馬演練」。每個騎在馬背上的人都穿著精心設計的陣羽織[*12]，以此向朝廷和人民炫耀織田的權勢，而在隊伍後面壓軸的當然是織田信長。當時旗幟在空中搖曳，織田信長以格外華麗的打扮騎著名為大黑的馬匹，展現出「統一天下之人」的魄力。

然而在第二年，織田信長動盪的一生卻因為「本能寺之變」畫下句點。

深受織田信長信任的重臣——明智光秀舉兵叛變。而他正是負責這場京都軍

*12 戰國時代，武將穿在盔甲外的上衣。

馬演練的人。

戰國時代是由「下克上」開啟的戰亂世代，就連織田信長也都無法逃出下克上的魔掌。無所畏懼，敢於背叛統一天下之人的武將不只一、兩個，他們的共通點是不得志以及下場悽慘。

松永久秀就是一個例子。他曾被懷疑是殺害將軍足利義輝的主謀、是暗殺主軍三好義興的幕後黑手，還以燒毀東大寺大佛殿的惡人廣為人知。

松永久秀在一五七三年加入織田信長的麾下，但僅僅過了兩年，他就響應上杉謙信和顯如等反信長勢力的行動，發動叛變。這與之前織田信長下令對松永久秀居住的多聞山城（奈良縣奈良市）進行城郭破壞有關。這座城堡由松永久秀父親所建造，織田信長本想從不願服從的松永父子手中奪走大和（今奈良縣）南部的統治權，並將其交給私通南都佛教勢力的筒井順慶，但松永久秀無法容許織田信長這一行為。

反叛者中還有一個人是攝津（今大阪府北中部、兵庫縣東南部）的荒木村重。

在織田信長與足利義昭針鋒相對時，荒木村重違背主君家的意思加入織田方。織田信長非常高興，此後便重用荒木村重，並將攝津的統治權交給他。荒木村重得到的待遇比織田家族的家臣更優渥，可見織田信長相當信任他。儘管如此，荒木村重最後還是將砲口轉向了織田信長。據說起因是織田信長提拔羽柴秀吉為進攻中國的主將，導致荒木村重的地位淪落到形同羽柴秀吉的家臣，荒木村重對此感到不滿。

一五七八年，荒木村重應顯如之邀叛離。他死守有岡城（位於今兵庫縣伊丹市）近一年，次年一五七九年，荒木村重獨自逃出遭到包圍的有岡城，留在城中約有五百一十人，包括荒木村重的妻子、家臣和家臣的妻兒。織田信長毫不留情地對這些人進行處決，斬首荒木村重的妻子等親屬，並陸續以長矛和長刀刺死或以槍械射穿其他人。荒木村重抱著拋棄親人的恥辱，以道糞之名作為茶人[*13]生活。

撼動戰國史的明智光秀，以尊敬主君的忠臣義士為人所知，例如他會開心地展示織田信長賜予的名茶具，茶會上將織田信長寫的書法掛在凹間（床之間）等。

*13 喜愛茶湯之人。

然而，那個忠臣義士在一天之內就殺死主君。這就是發生在一五八二年的歷史性叛變，史稱「本能寺之變」。

本能寺之變被稱為是日本史上最大的謎團，至今仍有許多人對此抱有極大的興趣。關於這個謎團，有各種引起大眾興趣的說法和研究，除了明智光秀的「怨恨說」、「黑幕說」，還有朝廷內的反信長派系打動明智光秀的「朝廷黑幕說」，以及隱居中的足利義昭祕密向明智光秀下達指令的「義昭黑幕說」等。

目前最具說服力的說法是，織田信長對四國政策的轉變，進而將明智光秀逼到絕境的「四國政策問題說」。當初織田信長原本打算承認長宗我部元親統治整個四國地區的權力。但這個想法一變再變，最後還試圖將長宗我部氏限制在土佐（今高知縣）和阿波這一半的領地中，擔任雙方協調人的明智光秀哪裡受得了。理所當然地，織田信長與長宗我部氏撕破臉，夾在中間的明智光秀於是決定對織田信長發動攻擊……。一般認為這個說法的可信度很高，因為發起本能寺之變的那一天，是預定前往四國討伐長宗我部的日子。

但無論正確的說法是哪一個，明智光秀在一五八二年（天正十年）六月二日導致織田信長死亡是無庸置疑的事實。

明智光秀的一萬三千人軍隊在叛變的前一天傍晚，從丹波龜山城（位於今京都府龜岡市）出發，沿著山陰道朝京都前進。

據說這時只有五名重臣知道明智光秀要背叛織田信長。大部分的士兵都以為是在去支援中國地區的路上，想都沒想過自己即將要討伐的對象是統一天下之人。

黎明時分，明智光秀的軍隊與特別行動隊匯合前往本能寺。

上午六點左右，響起戰鬥的吶喊聲，本能寺裡槍聲四起。

織田信長詢問侍童森蘭丸：「是謀反還是誰的陰謀？」森蘭丸說了明智光秀的名字。對此，織田信長回答：「那就盡力而為。」意即「不得已、沒辦法了」。

當時在本能寺裡的人主要都是侍童，大約有一百人。他們試圖對抗攻入的明智兵，但火勢逐漸蔓延，所有人一一遭到擊斃。

織田信長在熊熊烈火中切腹自殺，結束了四十九年的人生。

隔天，明智光秀在燒毀的廢墟中尋找織田信長的遺骸，但據說「連一根頭髮都沒有留下，都化為塵土和灰燼」，完全沒有找到任何像遺體的東西。

織田信長殺死家人、燒死僧侶，毫不留情地把所有人逼向死亡。

這樣的人為什麼能夠成為統一天下之人呢？關於這點也可以從地域關係的角度來探討。織田信長在世時，東海、近畿地區是一個小領國圍繞著京都相互鬥爭，權力持有者錯綜複雜，相當混亂的地方。與保有穩固權力，無需侵略他人領地，擁有領地並完成統治的大名領國不同，缺乏穩定性。

也就是說，如果想要維持尾張內部的穩定狀態，就必須不斷地往上追求權力直到統治全國。即使平定一個領國，建立統治制度，內部也很容易與他國勾結。當一個領國處於可能常常會出現叛變的情況下，很快就會瓦解。織田信長要想開闢出一條活路，就得將三個權門合而為一，建立全國性的統治制度。換言之，出生在尾張的織田信長具有掌握天下的必然性。

或許對織田信長來說，統一天下是「那就盡力而為」的事情也說不定。

精通軍事、政治、外交的萬能武將

明智光秀

Mitsuhide Akechi

？～1582

侍奉織田信長後站上高位

據說出生於美濃的明智光秀是在少年時期離開故鄉前往越前。他在越前侍奉朝倉氏，但生活過得很貧困，完全不是可以領導一族的情況。即使為朝倉氏賣命，明智光秀的也沒有機會發揮自己的實力，只能過著無所作為的日子。

但在足利義昭逃亡到越前後，明智光秀開始嶄露頭角。他在足利義昭和織田信長之間巧妙地斡旋，地位不斷地往上提升，而明智光秀則以在戰場上立功來報答重用之恩。織田信長也認可明智光秀的才智，賜予明智光秀名譽姓氏「惟任」，並讓他擔任要職。在織田信長底下有權勢的家臣中，明智光秀是最晚侍奉的人，但其出人頭地速度甚至比羽柴秀吉還要快。據說明智光秀在織田家中建立的地位，穩固到引來柴田勝家的嫉妒。

第三章

豐臣秀吉

奔跑吧！秀吉 —中國大返還、山崎之戰—

一五八二年（天正十年）六月六日。

羽柴秀吉策馬朝著京都奔馳，心中紛亂不已。

為了進攻毛利氏統治的中國地區，織田信長任命羽柴秀吉為中國地區的軍事司令官。羽柴秀吉是在率兵對中國備中的高松城（位於今岡山縣岡山市）進行水攻時，收到明智光秀叛變、織田信長自殺的消息。

據說在得知織田信長的死訊時，羽柴秀吉的參謀黑田官兵衛激動地對茫然自失的羽柴秀吉表示「這是取得天下的好機會」。情況也確實如此。

作為主君，織田信長儼然君臨天下，羽柴秀吉親眼目睹了那麼多的殲滅戰，從很早以前就沒有奪取天下的想法。但如果在這時候打敗織田家的仇人明智光秀，家中的排名將會出現大幅變動，自己的地位將會飛躍性地提升。羽柴秀吉在察覺到自己能夠成為統一天下之人後，改變了想法。

於是，羽柴秀吉毅然決然地帶著約兩萬兵力返回京都，史稱「中國大返還」。但要折返也不是一件容易的事，畢竟要背對至今一直處於敵對狀態的毛利勢力，等同於給了他們追擊的機會。

但是不僅是他，對所有武將來說，為織田信長報仇這個「奪取天下的正當理由」都是一次難得的機會。從先後順序來說，現在的情況應該是讓織田信長的兒子擔任總大將，並以「為父親報仇」的立場來進行整頓，但問題就在於羽柴秀吉正謀劃著要如何篡奪這個角色，時機、速度以及報仇的準備非常重要。

羽柴秀吉在大返還的時候，直到最後一刻都在估算時機。明明到前一刻都還在對高松城進行水攻，如果自己主動撤退，敵人可能會察覺到異常。若是讓毛利

此時的世界大事

1581年荷蘭獨立宣言

組成烏特勒支同盟的低地國北部7省宣布「荷蘭共和國」獨立。這個國家以荷蘭省為中心，由各省代表組成的議會來管理，並且在1609年簽訂停戰協定為止，一直都在與西班牙交戰。

軍知道織田信長的死訊，他可能會與明智軍結盟進行夾擊。因為考慮到這些可能性，羽柴秀吉假裝鎮定，加速與毛利氏談和，待高松城的城主清水宗治切腹自殺，敵軍撤退後才出發前往京都。

毛利氏在秀吉軍的身影消失後不久，才得知織田信長的死訊。以羽柴秀吉的角度來看，幸運的是毛利氏的家主毛利輝元沒展開追擊。當然，在毛利氏的眼裡，當時的情況也是他們奪取天下的機會。然而，毛利氏坐擁大軍卻放棄這個機會，原因之一是「要穩定自己的領地，不可以分裂兵力」。也有人認為，作為治理大國的大名，會以管理領國為優先，面對奪取天下沒有所謂的積極性和必然性。

就這樣躲過追擊的秀吉軍以極快的速度趕往京都。

其驚人的速度可能是歸功於後方部隊優秀的機動性，羽柴秀吉平時就很重視這點。率領大軍的羽柴秀吉為了加強入侵的攻勢，過去一直努力建立軍糧和彈藥等物資的運輸系統。如此周全的準備，讓他們在大返還的過程中順利活下來。

在大返還途中，羽柴秀吉一抵達姬路城（位於今兵庫縣姬路市，是羽柴秀吉曾居住的城堡之一），就毫不吝惜地將貯存在城裡的軍糧米和軍費全部分給底下的官兵，並讓他們休息一天。這一果斷的行為大幅地提高士氣，也增加了朝著京都進軍的氣勢。

六月十一日，兩萬多名秀吉軍以無論是誰看了都會感到吃驚的速度到達尼崎（今兵庫縣尼崎市）。

秀吉軍在穿著軍裝的情況下，五天就完成了「中國大返還」，也就是從備中到尼崎約一百五十七公里的路程。

羽柴秀吉抱持著無論如何就是要盡快投入復仇戰的想法趕路。除此之外，他還一

中國大返還的路程

件必須要做的事——做好整頓復仇戰勢力的事前準備。

明智光秀的軍隊大約一萬三千人，羽柴秀吉的兵力在他之上，但這次並不能只是單純的勝利，必須要是「壓倒性的勝利」，如此一來，才能成為統一天下的跳板。羽柴秀吉向曾是織田信長家臣的武將提出參戰請求，並組成聯軍。

這時候的羽柴秀吉看起來是故意趁著主君逝世的混亂帶風向，讓大家覺得「不是由織田家的繼承者，而是由我來指揮戰鬥」。如前面所述，若是由織田信長的兒子「為父親報仇」，那羽柴秀吉今後也只

山崎之戰

能一直是織田家的家臣。

另一方面，據說明智光秀預測第一個帶兵歸來的會是柴田勝家。也就是說，對明智光秀來說最大的敵人是柴田勝家，完全沒想到擋住自己去路的會是羽柴秀吉。即便如此，人們普遍還是認為明智光秀早在八日前就已經捕捉到羽柴秀吉的動向。

另一方面，明智光秀也正為了對抗復仇戰到處與人交涉。不過織田家的家臣大多都站在羽柴秀吉那邊，而且除了自己直屬的家臣，明智光秀沒有其他可以依靠的對象。就連關係親近的細川藤孝也對合作的提案表示為難。與明智光秀相反，羽柴秀吉擁有討人喜歡，能夠快速、圓滑地進行協商的能力，雙方命運的分歧點就在這裡。

織田信長的復仇戰在位於今京都府的山崎地區爆發。

十三日，兩軍隔著圓明寺川對峙。

這便是「山崎之戰」的開端。

羽柴秀吉的軍隊已經占領位於關鍵之處的天王山，這裡能夠清楚看到明智軍動向。戰爭在下午四點左右於天王山開打。明智軍攻擊秀吉軍的先鋒中川隊，特別行動隊也向秀吉軍展開突襲。秀吉軍在交涉方面達到效果，各將領都成為羽柴秀吉的同伴，兵力規模達到四萬。

明智軍在齋藤利三率領的主力部隊遭到殲滅後潰逃。

明智光秀為了東山再起，打算回到根據地坂本城（位於今滋賀縣大津市），但中途遇到襲擊落敗武士的組織，遭到農民殺害。作為支撐一個政權的名將來說，這是個充滿恥辱的結局。

之後，明智光秀的首級被置於京都梟首示眾。

此時的世界大事

1533年印加帝國滅亡

西班牙國王卡洛斯一世和征服者法蘭西斯克・皮薩羅達成協議。卡洛斯一世承認驅使印第安人獲得的礦物等資源規征服者所有，作為交換，皮薩羅要消滅分布在安地斯山脈上，國力繁榮強盛的印加帝國。

在織田家眼裡，這是逼死家主的仇人首級。不過對羽柴秀吉來說，這也是「奪取天下的正當理由」，是經歷賭上命運的大返還，並於復仇戰得勝後好不容易獲得的「名分」。是一個足輕的孩子想要統一天下，必須取得的首級。

抓住命運的少年 ―羽柴秀吉出人頭地―

據説羽柴秀吉生於一五三六年（天文五年）的元旦。但他的出生其實充滿謎團，目前對此有各種説法，例如他實際上可能是天文六年出生、乳名或許是日吉丸等。此外，一直以來大家都認為羽柴秀吉是出生於貧苦農家，但根據現在最有說服力的説法，羽柴秀吉極有可能是足輕的孩子。

造成羽柴秀吉出生之謎的原因在於他自己寫的傳記。在傳記中，羽柴秀吉暗示自己其實是天皇的私生子，以便隱瞞實際的出生情況。

羽柴秀吉作為出人頭地的代表，在死後仍是頗受歡迎的人物。再加上出生之謎，使得貧困農民成為統一天下之人這種麻雀變鳳凰的劇情成為經典，從而創造出許多逸事。

羽柴秀吉直到二十八歲後才真正站上歷史的舞台，在那之前的行蹤動向至今仍不明。目前認為傳言中的事蹟可信度都不高，像是羽柴秀吉在進攻美濃時，短時間內就建造出著名的「墨俣一夜城」，以及羽柴秀吉在「金崎撤退戰」大展身手，擔任負責殿後的角色，讓織田信長的主要部隊平安回到京都等。

雖說如此，羽柴秀吉為織田家效力並嶄露頭角的時候，剛好是織田家快速發展的時期，應該會有許多大顯身手的機會。羽柴秀吉憑藉這種運氣和與生俱來的才智，以驚人的速度崛起。想必他是反過來利用自己低微的出身，脫離織田家的秩序，引起織田信長的注意，進而作為其手腳行動。

羽柴秀吉在二十八歲之前可能一直活躍於織田信長的權威之下，並努力建構與將來有關聯絡網。他是一個充滿謎團的人物，但以下層階級的身分爬到擁有城堡的地位是無庸置疑的事實。毫無疑問，羽柴秀吉是戰國時代的優秀人才。

屬於自己的城堡 ─長濱城與戰國的城堡─

羽柴秀吉作為城主的第一座城堡是近江（今滋賀縣）的長濱城（位於滋賀縣長濱市），這是座位建造在琵琶湖畔的平城[*14]。

羽柴秀吉在經歷姊川之戰等多場戰役後，於三十六歲獲得淺井氏舊領地，這是對他進攻越前的賞賜。不過，他並沒有在小谷城（滋賀縣長濱市）定居，而是將下方琵琶湖畔一帶改名為「長濱」，建造長濱城並遷居至此。

面向琵琶湖的長濱，有中山道可以通往織田信長領國內的尾張（今愛知縣西部）、美濃（今岐阜縣南部）以及畿內（靠近京都的諸國。主要是今京都府、大阪府、兵庫縣、奈良縣），在貨物流通方面較有利。而且移居應該也是為了切斷越前（今福井縣北部）的一向一揆，因為本願寺統治下的強大寺院分布在這個地區，並造成很大的威脅。

此外，他似乎還有統治槍械集團定居處打算。位於近江的國友（今滋賀縣長濱

*14 日本城堡的種類之一，建造在平地的城堡。

市）是與堺（今大阪府堺市）和根來（和歌山縣岩出市）並列的槍械生產地。而這個地方就在長濱的附近。

除了這些企圖，羽柴秀吉離開小谷城的原因，可能在於它是一座山城[*15]。

山城在防禦方面非常出色，但攻擊方面的缺點在當時卻更加顯眼。隨著兵農分離的推動，戰爭的動員人數急遽增加，一般認為山城在補給和布陣方面較為不利。想必羽柴秀吉也是為了避免這一缺點。

戰國時代也是從山城轉移到平城的過渡期。

*15 日本城堡的種類之一。利用山頂、山腰等地形所建造的城堡。

此外，也有人認為山城沒落的原因不僅僅在於軍事方面的弱點。三權鬥統一化，即將分散在各地區各勢力的權力集中到中央政權的過程中，山中城堡會對極權者造成威脅，因此遭到破壞，導致數量減少。

山城不單是根據地或住所，在爆發戰爭時，也有作為人民避難所的功能，並在圍城戰中直接成為防禦設施。

為此，戰國大名在加強統治力道的過程中，開始實施破壞敵方城堡的政策。德川幕府也承襲了這一做法，頒布《一國一城令》，規定大名在每個領國只能有一個居住的城堡。此後，城堡的主要功能從非常時期的據點逐漸轉變為行政場所。

此時的世界大事

1571年西班牙人建造馬尼拉市

受西班牙國王卡洛斯一世派遣，前往菲律賓的德萊加斯皮在1565年進入呂宋島的馬尼拉。後來，建於1571年的馬尼拉市利用馬尼拉大帆船運來的墨西哥白銀與中國商人進行貿易，並成為馬尼拉大帆船的貿易據點。

連續三次攻城 －戰略天才－

羽柴秀吉在政策上學習、仿效織田信長，在戰鬥方面卻與織田信長完全相反。以攻城戰為例，織田信長基本上都會選擇在短時間決定勝負的殲滅戰，羽柴秀吉則是打長期戰，而且通常會以城主的性命為條件來達成和解後才結束戰爭。

以下讓我們一起來了解羽柴秀吉在中國地方進行的三場攻城戰。

一五七六年（天正四年），織田信長開始認真攻打毛利氏。如先前所述，織田信長提拔羽柴秀吉為「中國地區的軍事司令官」，命令鎮壓毛利統治的中國地區。

第一次是攻打三木城，這是在播磨（今兵庫縣南西部）進行的攻城戰，現以「三木合戰」之名為人所知。

播磨是織田領地和毛利領地的交界地區。羽柴秀吉一開始先花時間拉攏這個地區的領主到己方。然而，曾跟隨織田信長的三木城主（位於兵庫縣三木市）別所長治卻透過毛利氏宣布叛變。原本平定播磨的進度正順利往前推進，沒想到卻因此又變回一張白紙。

接著在一五七八年（天正六年）六月，羽柴秀吉對三木城發動攻勢。三木城是一座建在山坡上的平山城[*16]。羽柴秀吉採取切斷軍糧補給的策略，花費的時間卻比預期的還要長，直到一五八〇年敵方才開城投降。耗盡軍糧後才出現的城主別所長治與其一族接受羽柴秀吉開的自盡條件，以此換取城兵[*17]的性命。

雖說羽柴秀吉原本就做好打長期戰的準備，關於攻打三木城陷入膠著的原因目前有各種說法，例如城內儲備的米糧相當多、毛利方祕密送入軍糧米等。然而無論如何，羽柴秀吉都從這次的失敗中學到教訓，並在下次的攻城戰中進行改善。

第二次是攻打鳥取城，這是在因幡（今鳥取縣東部）進行的攻城戰，現以「鳥取城之戰」之名為人所知。

鳥取城（位於今鳥取縣鳥取市）是典型的山城，是堅不可摧的要塞。羽柴秀吉這次也採用斷糧策略而非武力進攻。一五八一年（天正九年）七月，相對於對方一千四百名兵力，羽柴秀吉以兩萬大軍進行包圍。

*16 日本城堡的種類之一。在獨立丘陵、小山及山脈山峰和山腳一帶建造的城堡。

*17 保衛城堡的士兵。

羽柴秀吉為了不再犯下攻打三木城時的錯誤，在開戰前就先做好周密的準備。首先，他買下附近所有的米糧，將價格提高了一倍。於是，隨著米糧行情上漲，城裡的人開始出售大米。羽柴秀吉還命令士兵對領地居民施暴，將他們趕入鳥取城中。用意是增加城堡內的人數，圍城時就能盡早耗盡軍糧。這些攻城前的工作，就這樣按照羽柴秀吉的計畫準備完成。

戰爭開打後，早在九月城堡內就陷入悽慘的情況。人民像餓死鬼一樣消瘦，他們殺馬果腹、以草根和樹皮來充飢，甚至還將餓死的屍體撕開來吃……簡直就像是地獄。這景象過於慘烈，連身為毛利家家臣的城主吉川經家也看不下去，決定開城。他以自己的死為代價，請求放過城兵，結束了約一百天的圍城。

此時的世界大事

1580年英國德瑞克完成環遊世界一周

16～17世紀的歐洲，有一艘拿著政府授予的執照從事海盜行為的私掠船。這艘船的船長是著名的法蘭西斯・德瑞克，他襲擊並掠奪西班牙船隻，賺取60萬英鎊的財富，同時還完成了環遊世界一周的壯舉。

第三次的攻城戰攻打的是「高松城」，這是發生在備中（今岡山縣西部）的戰爭，現以「備中高松城之戰」之名為人所知。戰事一直持續到羽柴秀吉決定率兵展開「中國大返還」。

與三木城和鳥取城不同，高松城是一座完全平坦的平城。其位於低溼地帶，周圍是沼澤地。羽柴秀吉從這個地形中想到的作戰方式是水攻。在一氣呵成，完全沒有休息的情況下，工人僅僅花了十九天就建好羽柴秀吉要求的堤防，並堵住附近的河川後，將水引向高松城。當時正值梅雨季，高松城轉眼間就被淹沒。

毛利家臣在收到消息後立即趕到高松城，但面對遭到淹沒的高松城他們也無能為力，只好與羽柴秀吉進行和談。原本談判遲遲沒有進展，但在羽柴秀吉得知主君死於本能寺之變後，改以讓渡備中和伯耆（今鳥取縣中部西部）一半領土，以及要求高松城城主清水宗治切腹為條件達成交涉，並且這次也饒了城兵的命。

從這三場攻城戰可以得知，羽柴秀吉為了盡可能以不損害我方士兵的方式結束戰爭，打從一開始就致力於一定要獲勝。他仔細觀察、研究局勢，做好完備的計畫，並為此事先準備壓倒性的兵力和資金。

此外，羽柴秀吉在攻城時會實施誘降作戰，促使對方投降，以順利進行和談交涉。

在進攻三木城前，播磨的一大勢力小寺政職倒戈到織田方。之所以能夠做到這件事，是因為羽柴秀吉在事前先拉攏了小寺家家老[18]黑田孝高官兵衛。如先前所述，官兵衛是促使羽柴秀吉奪取天下的人。以天才軍師聞名的官兵衛，在這次對中國的進攻中與羽柴秀吉締結正式的合作關係，並且在不久後就臣服於羽柴秀吉。

另一位與官兵衛並稱「兩兵衛」的天才軍師，是竹中重治半兵衛。

半兵衛是美濃菩提山城（位於今岐阜縣不破

*18 中世紀大名家臣中最高的職位，負責管轄家中。

郡）城主竹中重元的嫡長子。其著名的事蹟是，與弟弟竹中重矩等十六人為了勸諫主君的愚蠢行為，占領稻葉山城（位於今岐阜縣岐阜市）。

半兵衛是一位世上罕有的智者，據說認可其才能的羽柴秀吉，曾以三度拜訪的「三顧之禮」邀請他成為家臣，甚至給予半兵衛可以隨意修改秀吉軍陣形的權限。此外，他也以策反近江淺井長政家臣的事蹟而聞名。

在攻打三木城當年，黑田官兵衛遭到背叛織田信長的荒木村重軟禁將近一年，織田方懷疑其倒戈，下令處死作為人質的官兵衛嫡長子松壽丸（後來的黑田長政）。但據說，半兵衛假裝自己親手殺死松壽丸，將其救出，並藏匿在自己的根據地。半兵衛生來體弱，在進攻三木城的過程中就已病逝，不過這則關於松壽丸的逸事，讓人深深地感受到同時期在羽柴秀吉手下工作的兩兵衛之間的情誼。

黑田官兵衛和竹中半兵衛作為羽柴秀吉的天才軍師，以出色高明的戰術著稱。不過，最優秀的戰略家或許是擁有這兩位天才的羽柴秀吉本人。

而「清洲會議」就是這位羽柴秀吉一生中最重要的舞台。

情急之下支持三男 —清洲會議—

一五八二年（天正十年）六月，為了召開決定織田信長繼承人的「清洲會議」，織田家擔任要職的家臣皆聚集在尾長清洲城（位於今愛知縣清須市）。至今仍不知道出席會議的確切名單，但普遍認為織田家的四宿老[*19]，也就是羽柴秀吉、柴田勝家、丹羽長秀以及池田恆興必定在場。除了織田家繼承人的話題，四人在清洲會議還討論了遺留下來的領地如何分配的問題。

關於織田信長的繼承人，因為織田信長的嫡長子織田信忠死於本能寺之變，羽柴秀吉推舉織田信忠的孩子三法師。三法師雖是織田家嫡系，但他當時只有三歲。除了三法師外，還有兩個繼承人候選人，分別是織田信長的次男織田信雄和三男織田信孝。他們兩人皆是側室生的孩子，於同年出生且都已經完成元服[*20]儀式，是適合繼承家業的年紀。與之相反，三法師還是個需要後盾的幼兒。由此可知，羽柴秀吉打算成為三法師實質上的擁護者，獲得奪取天下的正當名分。

*19 武家中擔任要職的家臣。
*20 奈良時代之後，用來表示日本男性成年的儀式。

柴田勝家直接反對這顯而易見的企圖。柴田勝家原本是作為織田信長弟弟織田信勝的家老侍奉織田家，在暗中告密織田信勝謀反計畫後得到織田信長的信任，活躍於各個戰場並受到重用，以織田軍隊之首的身分建立穩固的地位。

不過，柴田勝家的立場在當時卻站不住腳，因為發生本能寺之變時，柴田勝家正在進攻越後（今新潟縣），很晚才得到消息，沒能及時參加織田信長的復仇戰。為了挽回這嚴重的恥辱，柴田勝家否決柴田秀吉的意見，推舉織田信長三男織田信孝為繼承人。

就織田家的地位排名來看，之前羽柴秀吉在柴田勝家之下。然而就如先前所述，為主君織田信長報

清洲會議的關係圖

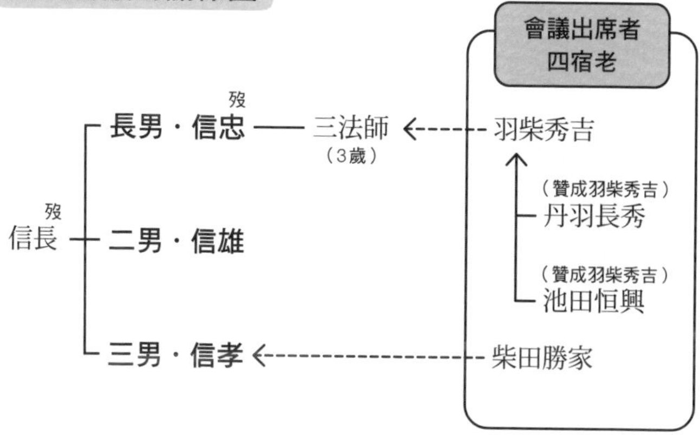

仇的功勞比什麼都還要大，甚至具有推翻排名的效果，再加上除柴田勝家外的兩個宿老，也就是丹羽長秀和池田恆興也都同意羽柴秀吉的意見。

丹羽長秀從十五歲起就為織田信長效力，是連桶狹間之戰都參加過的老家臣。池田恆興也是織田家的老家臣，還是織田信長的乳兄弟，並以立下許多戰功而聞名。這兩個人也都參與了織田信長的復仇戰，說話也更加有分量。最後以多數決強硬通過，決定由三法師擔任織田家繼承人。一切都朝著對羽柴秀吉有利的方向發展。

羽柴秀吉和柴田勝家之間免不了因為這個決定產生矛盾。於是，羽柴秀吉發揮了他的戰略才能，在分配遺留下來的領地時，對柴田勝家做出了相當大的讓步，不僅增加柴田勝家的領地，甚至還將長濱城移交給他。羽柴秀吉這

此時的世界大事

1580年西班牙併吞葡萄牙

西班牙的菲利普二世派遣軍隊到王朝中斷的葡萄牙，以兼任兩國國王的形式併吞了葡萄牙和其在非洲、印度等海外領地。西班牙因此被稱為「日不落帝國」。

個舉動也可以理解成是在警戒柴田勝家。

羽柴秀吉必須要防範的另一個人是德川家康。

發生本能寺之變的時候，德川家康正應織田信長的邀請拜訪安土城（位於今滋賀縣近江八幡市），並在堺到處參觀。當他得知織田信長逝世的消息時，周圍只有少數幾個隨從而已。在不穩定的局勢下，他好不容易穿越伊賀（今三重縣西部），逃出伊勢（今三重縣北中部、愛知縣和岐阜縣的一部分），回到三河（今愛知縣東部）。

清洲會議是織田家內部的會議。即使擁有同盟關係，身為外人的德川家康也沒有資格參加。然而，羽柴秀吉卻詳細地告知柴田勝家的動向，以此試探德川家康的態度。這也可以說是一種警戒心的表現。

羽柴秀吉可能是心想，在織田信長和織田信忠去世後，實際上統帥織田家的人應該要是柴田勝家或丹羽長秀，如果是一步登天的自己坐上那個位置，德川家康或許也會表現出野心。

column 4

基督教的傳入

九州吉利支丹大名與少年使節團

一五四九年，耶穌會的聖方濟・沙勿略為了傳教來到鹿兒島，接著在十四年後出現日本第一個吉利支丹大名——肥前（今佐賀縣和長崎縣）的大村純忠。當時傳教士也充當貿易的仲介人，大村純忠為了從中獲利，在領內的橫瀨浦迎接葡萄牙船隻並成為吉利支丹。大村純忠原本是以貿易為目的才入教，但後來深受教義感動，他開始鎮壓佛教，還將長崎捐贈給耶穌會。

北九州的大名大友宗麟也是一位狂熱的信徒，狂熱到他計畫在日向（今宮崎縣）建立一個吉利支丹國，甚至還因此與島津氏發生衝突。大友宗麟與同為吉利支丹大名的有馬晴信和大村純忠，三人在一五八二年派遣伊東滿所等四位少年組成天正遣歐少年使節團前往歐洲。

天正遣歐少年使節團晉見了制定公曆（格

沙勿略傳教的主要路線

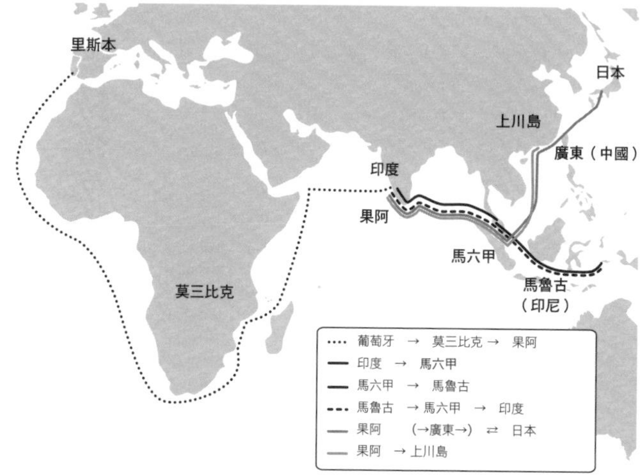

勒哥里曆）的教宗格勒哥里十三世和西班牙國王。他們花了八年半的時間努力促進友好和文化交流，回國時帶回了德國約翰尼斯・谷騰堡在十五世紀發明的活版印刷機。

然而，他們回到的九州在這段時間發生了很大的變化。大友氏慘敗於島津氏，島津氏也在豐臣秀吉攻打九州後接受豐臣統治。因為豐臣秀吉頒布的《伴天連追放令》，吉利支丹大名的信仰遭到禁止，而且無論是大友宗麟還是大村純忠都已死亡。隨著德川幕府將吉利支丹流放國外，活版印刷機也跟著進入澳門。此後大約過了兩百五十年，活版印刷才在日本普及。

支持秀吉的夥伴 ─賤岳之戰─

原本決定由三法師作為織田信長的接班人繼承家主之位，但清洲會議後，羽柴秀吉自己駁回了這個決定。這是針對被排除在繼承人之外的三法師叔叔，也就是織田信孝不安定的舉動所做出的判斷。

織田信孝是酷似父親織田信長的猛將，也參與了復仇戰。在織田家的評價很高，被視為是繼承人的第一候補。羽柴秀吉之所以推薦三法師，也是為了封殺織田信孝。

而織田信孝在清洲會議結束後，仍然將暫時受到保護的三法師留在岐阜城（位於岐阜縣岐阜市），不願意放棄。即使要求他將三法師移交到安土城，他也毫無回應，於是羽柴秀吉決定在喪主三法師沒有出席的情況下，舉行織田信長的喪禮，兩人之間的矛盾自然也就更加激烈。

但這麼一來，便會形成掌控三法師的織田信孝所代表的「織田家」與「將刀鋒對準主人家的叛變者羽柴秀吉」這樣的對立形態，羽柴秀吉的立場可能會因此出現變化。於是焦急的羽柴秀吉找了三法師的另一位叔叔織田信雄。決定將繼承人之位暫時交給作為三法師代理人（名義上的監護人）的織田信雄，並讓他成為織田家的家主。織田信雄既沒有聲望又容易控制，而且還與織田信孝不和，所以這個策略在實行上並無困難。

織田信孝聽到消息後，便聯手柴田勝家、瀧川一益等明明是資深家臣卻被排除在政權核心之外，因此對羽柴秀吉不服的勢力，做好對抗的準備。

織田信雄和羽柴秀吉一方，與織田信孝和柴田勝家一方的決戰終於到來。

以伊勢的羽柴秀吉對瀧川一益為開端，兩方陣營不斷發生衝突。

接著，在一五八三年（天正一年）三月，在秀吉軍從伊勢出征時，柴田勝家的軍隊從越前（今福井縣北部）的北之庄城上陣。

柴田勝家在這次出征之前認為與其如羽柴秀吉所願，不如考慮重建室町幕府，所以讓人在備後（今廣島縣東部）的足利義昭回到京都。可能是想藉由聯繫擁護足利義昭的毛利氏，來牽制羽柴秀吉的行動。如果西邊的毛利軍和南邊的瀧川軍能夠夾擊羽柴秀吉，那戰局就會對自己更有利。

另一方面，羽柴秀吉也向毛利氏尋求協助。因此，毛利氏決定維持中立立場，沒有回應任何一方的要求。

此外，柴田勝家從之前就開始向上杉景勝提出合作，但上杉景勝也毫無動靜。柴田勝家最後只好採取正面進攻法，從雪尚未融化的北陸啟程。

而織田信孝這個反秀吉派的核心人物，因為母親和女兒被當成人質，在此時已經答應接受羽柴秀吉的統治。不過，在得知柴田勝家出征後，他又開始動作。

羽柴秀吉為了迎擊柴田勝家前往近江北部，命人在賤岳（今滋賀縣長濱市）修築堡壘，但在收到織田信孝舉兵的消息後，便前往岐阜城。

勝家軍趁著羽柴秀吉的主力部隊離開，在近江北部戰場展開攻勢。柴田勝家命令姪子佐久間盛政攻擊秀吉方的陣營，並殺死中川清秀等人。

這時，柴田勝家吩咐佐久間盛政「不要再往前追擊」，但佐久間盛政可能認為前往岐阜的羽柴秀吉「不會這麼快回來」，直接攻陷了秀吉方的堡壘。

不過，在盛政隊因為成功奪取堡壘而鬆懈的時候，秀吉軍卻回到堡壘。這支兵力大約一萬五千人的大軍只用了短短五個小時，就跑完長達五十二公里的距離。這是在中國大返還時展現出的驚人速度。

秀吉軍一抵達就立即展開全體進攻。

一五八三年（天正十一年）四月，爆發「賤岳之戰」。已經開始撤退的盛政隊慌忙應戰，但已經來不及。羽柴秀吉的近臣衝入盛政隊進行猛烈攻擊，最後以佐久間盛政的部隊敗退而告終。

羽柴秀吉的軍隊進一步追擊勝家軍，並圍攻其居住的城堡北之庄城。柴田勝家無力招架選擇自盡。如上一章所述，阿市也一起迎來悲慘的死亡。

順帶一提，戰後羽柴秀吉表揚了在賤岳之戰中奮勇戰鬥的近臣，分別是福島正則、脇坂安治、加藤嘉明、加藤清正、平野長泰、片桐且元、糟屋武則，並給予獎賞。這七位武將在各種創作作品中以「賤岳七本槍」為人所知。其中，加藤清正和福島正則這兩人是在之後會成為大大名的傑出人物。

加藤清正在一五六二年於尾張愛知郡中村（今名古屋市中村區）出生，乳名為虎之助。其母是羽柴秀吉的阿姨，所以兩人是表兄弟，從在長濱開始就侍奉羽柴秀吉。完成元服儀式後，於羽柴秀吉進行征伐中國展開鳥取城之戰時首次參戰。加藤清正以其高大的身材聞名，他騎著名為帝釋栗毛的巨馬馳騁沙場，在許多戰役中表現亮眼。不過，據說賤岳之戰時，這匹馬生病無法騎乘，他只好徒步上陣。儘管如此，他還是做到「五小時跑完五十二公

賤岳七本槍

- **脇坂安治**（1554～1626）出生於近江
- **片桐且元**（1556～1615）出生於近江
- **平野長泰**（1559～1628）出生於尾張
- **福島正則**（1561～1624）出生於尾張
- **加藤清正**（1562～1611）出生於尾張
- **糟屋武則**（1562～ ？ ）出生於播磨
- **加藤嘉明**（1563～1631）出生於三河

成為豐臣政權核心的世代，大多都是出生於1550年代到1560年代的家臣。此外，同一世代還有石田三成、大谷吉繼和藤堂高虎等人。

里」的進軍並奮力戰鬥，可以說是相當厲害。加藤清正在四年後參加九州征伐，並在之後成為肥後（今熊本縣）二十五萬石的大大名。

福島正則在一五六一年於尾張海東郡（今愛知縣海部市）出生，乳名為市松。與加藤清正一樣是羽柴秀吉的表兄弟，但福島正則與羽柴秀吉的血緣更接近。首戰是中國征伐時的三木合戰。在賤岳之戰中立下一番槍[*21]的戰功，相對於其他六人的三千石，他一個人獲得五千石。九州征伐後，福島正則成為伊予國（今愛媛縣）今治兩萬三千石的大名，並在羽柴秀吉死後晉升為四十九萬石的廣島藩主。

因為這些家臣的活躍表現，羽柴秀吉才能取得勝利。

賤岳之戰結束，柴田勝家死後不久，織田信孝也選擇自盡。至此，那些布下秀吉包圍網的織田家有力人士都已經剷除。

羽柴秀吉在這之後還質問沒有幫忙戰事的越後上杉氏，並要求其交出人質作為服從的證明。

統治制度逐步完備，統一天下之戰終於來到最後階段。

*21 在戰場上第一個揮舞長矛殺死敵軍的人。

column 5

西班牙與伊達政宗

派遣使節團到西班牙的殖民地墨西哥尋求通商

一五六七年，伊達政宗作為出羽國（今山形縣、秋田縣）大名伊達輝宗的孩子出生。伊達政宗在小時候因病導致一隻眼睛失明，但在片倉小十郎的照顧下，成長為一個積極上進的武將，並在之後成為戰國時代屈指可數的大名，手握奧州（今東北南部的大部分地區）的統治權。

豐臣秀吉死後，伊達政宗轉而親近德川家康。當德川家康放棄意圖藉由傳教征服日本的西班牙和葡萄牙，打算換成和不會進行傳教的荷蘭交易時，伊達政宗將之視為一個好機會，開始與西班牙使者和傳教士接觸。伊達政宗提供船隻讓他們回到殖民地墨西哥，為了與西班牙國王和教宗協商墨西哥通商的事宜，還派家臣支倉常長等人一起前往（慶長遣歐使節團）。奧州由於地理因素，貿易方面起步較晚，伊達政宗此舉的目的是想要

慶長遣歐使節團的航線

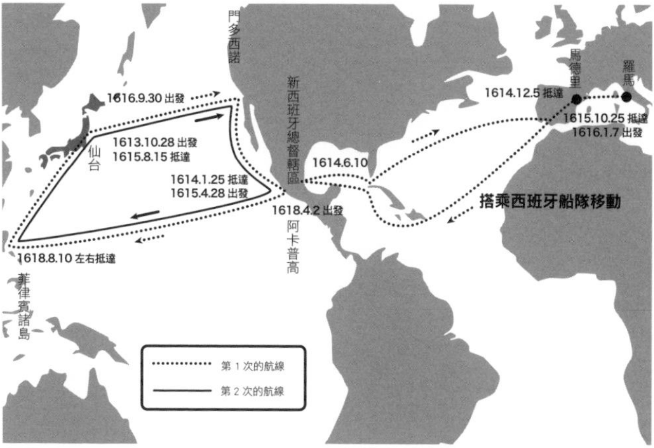

確保自己的通商路線。

一六一三年，支倉常長乘坐的船隻在德川家康的許可下出航。這時德川家康已經頒布吉利支丹禁教令，之所以允許派遣使節，是認為如果能夠實現與墨西哥的貿易，就下令讓商船在江戶灣返航。但西班牙政府很重視德川政權頒布禁教令的問題，支倉常長的交涉以失敗告終。

結果伊達政宗還因此遭到德川家康的兒子德川秀忠懷疑「伊達政宗派遣使節是不是想和西班牙結成軍事同盟」，畢竟在豐臣政權瓦解後，甚至還傳出伊達政宗叛變的流言。於是伊達政宗不顧家臣的意見，趕往駿府向德川家康解釋，以消除其謀反的嫌疑。

豐臣秀吉統一天下之戰①　－與德川家康對立－

羽柴秀吉在出人頭地的道路上突飛猛進。

不過，為了達到統一天下的目的，還需要再解決幾場大型戰爭。畢竟在紀州、四國、九州、關東、奧州的大名中仍有不服羽柴秀吉的人。首先最重要的是，德川家康這個不臣服的人。只要德川家康還站在「織田家同盟者」的立場，就不可能實現統一天下的目標。

德川家康在羽柴秀吉開始與柴田勝家對立時，維持著中立的立場。不過，在賤岳之戰打響之前，他向羽柴秀吉發出支持信，試圖建立友好的關係。

然而，在羽柴秀吉與織田信雄關係破裂後，這個態度也發生了劇變。

羽柴秀吉請織田信雄到大坂城處理公事，也就是說，羽柴秀吉將織田信雄視為部下，要求他來到自己這裡。對織田信雄來說，羽柴秀吉這個行為是要自己把他當作主家的家主代理人，當然不可能答應。織田信雄憤怒地與德川家康商量，並聽從建議，將自家三名跟隨羽柴秀吉的家老殺死。

這一場殺戮看在羽柴秀吉眼裡就等於是宣戰，直接造成雙方的對立。

接著，從一五八四年（天正十二年）三月到十一月，德川家康、織田信雄聯軍和秀吉軍不斷爆發衝突，戰爭範圍之大，包括尾長的小牧、長久手（今愛知縣小牧市、長久手市）。

德川家康的手腕相當高明，儘管羽柴秀吉在事前已經做好精心

羽柴秀吉經歷的主要戰爭

*台灣歷史將文祿、慶長之役合稱為「萬曆朝鮮之役」。

的準備，布置成「必定獲勝的戰爭」仍然陷入敗北危機。

為了避免成為戰敗的將軍，羽柴秀吉抽調十萬士兵並尋求講和的機會。最後與織田信雄和解並讓德川家康失去「幫助同盟者織田家對抗叛變者羽柴秀吉」的名義，促成平局。

然而，無論是在戰爭結束後將德川家康的孩子扣為人質，還是將自己的妹妹送入德川家成為正室，德川家康都沒有回應羽柴秀吉要他前往京都的要求，絲毫沒有臣服的打算。於是羽柴秀吉想出一個對策，兩年後，即一五八六年，羽柴秀吉將自己的生母仲（大政所）作為人質，催促德川家康前來京都，最後德川家康終於答應。就這樣，羽柴秀吉以半強迫的方式與德川家康建立了主從關係。

豐臣秀吉統一天下之戰②　－攻打紀州、四國－

結束了小牧、長久手之戰後，一五八五年（天正十三年）三月，羽柴秀吉展開紀州征伐。說起紀州，就會想到雜賀眾、根來眾。這裡是由地侍、國人、宗教勢力對抗中央政權，維持自治的地區，也被稱為是「農民共和國」，「紀州惣国一揆」也令人心生畏懼。

羽柴秀吉持續推動從織田信長那裡繼承的兵農分離政策。這既是一個軍事政策，同時也是在公開宣布「要藉由武士來強化對農民的統治」。羽柴秀吉為了推進這個以統一天下為目的的政策，就必須否定紀州的自治團體。

同年四月二十二日，羽柴秀吉以水攻鎮壓雜賀眾最後的據點太田城（位於今和歌山縣和歌山市），平定了紀州。

與紀州征伐同年，一五八五年（天正十三年）夏

此時的世界大事

1582年伽利略發現「單擺的等時性原理」

義大利物理學家、天文學家伽利略・伽利萊發現，相同長度的單擺，無論重量和擺幅是如何，擺動周期都是恆定的（單擺的等時性）。後來，他利用這個定律發明了鐘擺時鐘的構造。

天，羽柴秀吉開始攻打四國。

長宗我部元親在春天成功征服了四國的土佐（今高知縣）、阿波（今德島縣）、讚岐（今香川縣）和伊予。羽柴秀吉認為不能放任不管，於是決定發動遠征。

起初，長宗我部元親試圖以和解的方式來解決，但對於羽柴秀吉提出交出伊予和讚岐兩國的要求，長宗我部元親僅願意交出一國，最終談判破裂。羽柴秀吉以總人數共十萬到十二萬的大軍進攻四國。戰況超出長宗我部元親的預期，軍隊從阿波、讚岐和伊予三個地區湧入，長宗我部軍在各地敗北。長宗我部元親本來想抗戰到底，最後在重臣們勸說下投降。此後，四國也開始受羽柴秀吉的統治。

如此一來，只剩下九州、關東和東北。

豐臣秀吉統一天下之戰③ —攻打九州—

在攻打紀州和四國這一年，羽柴秀吉出任關白。因此，他可以將自己的提案作為天皇的命令，發布《總無事令》。將大名間的戰爭視為「私鬥」並明文禁止，下令從關東、東北到九州都要維持「天下靜謐」（無事＝和平）。

因為擔任關白一職，讓羽柴秀吉和大名之間超越武士的主從關係，轉變為朝廷和其侍從的關係，羽柴秀吉不再是「織田家的家臣」。因此，不會再出現清洲會議或小牧、長久手之戰時「篡奪主家的叛變人物」的情況，也不必再顧慮局勢會遭到逆轉。同時寺社權門也納入統治之下，也不用再擔心宗教起義。

而且《總無事令》將領國的所有權從大名手中轉移到國家，因此，依照羽柴秀吉的立場，他有權以官方的身分分割領國，例如重新分配領地的「新封」、減少部分的「減封」、移至其他地方的「轉封」，以及予以增加和沒收等。換句話說，作為全面掌握國政，臣子中地位最高的官位，關白擁有「領國邊界的決定權」，並且可以用來當作阻止戰國領土擴張戰的威懾力。

除了作為威懾力，關白也能成為取締違反者的正當名義。因為可以將不服從的人視為背叛朝廷的叛國賊。

接下來的九州征伐就是以這個名義為展開攻打行動的根據。

當時在九州，名門武家島津氏嚴重打擊了原本與自己共同形成三大勢力的大友氏和龍造寺氏，一直保持著一家獨大的狀態。與長宗我部氏稱霸四國時一樣，一副要橫掃九州全土的樣子。

羽柴秀吉對島津氏和大友氏下達了在九州禁止私鬥的《總無事令》。大友家的家主大友宗麟已經處於劣勢，便老實地遵從羽柴秀吉的命令。相反地，占有優勢的島津家家主島津義久則不願意聽令。即使羽柴秀吉強迫島津義久歸還從大友氏那裡侵占的半個肥後、半個豐前（今福岡縣東部、大分縣北部）和筑後（今福岡縣南部），島

此時的世界大事

1588年西班牙無敵艦隊敗給英國海軍

英國稱呼集結大航海時代的技術所製作出的結晶西班牙船隊為「無敵艦隊」。但無敵艦隊在前往征服英國時，因為對方識破自己將士兵轉移到敵艦的戰術，遭到敵艦的砲擊，還在陌生的海域遇到暴風雨，導致許多船隻都沉入海底。

津義久仍堅持拒絕。不僅如此，還再次攻入大友氏的領地，繼續擴張領土。

對違反《總無事令》的人所進行的制裁，不是侵略而是「正義」的行為。

豐臣秀吉以正義之名決定對九州出兵，這時已經沒有人能夠提出異議。首先，他除了派出毛利輝元、吉川元春、小早川隆景所率領的中國軍，以及仙石秀久、長宗我部元親、十河存保所率領的四國軍。

然而，由仙石秀久帶領的四國軍才剛組建完成不久，因此缺乏凝聚力，更不用說剛投降並臣服於豐臣秀吉的長宗我部元親了。他們在必須防守的情況下出兵，最後當然只能節節敗退。一五八六年，仙石秀久和長宗我部元親為了發動攻勢率兵渡江，卻遭到暗中隱藏埋伏的島津軍反擊，在這場「戶次川之戰」（大分縣大分市）中慘敗。於是，豐臣秀吉親自出馬。

一五八七年（天正十五年）三月，豐臣秀吉從大坂出發，率二十萬以上的大軍逼近島津，連打算抗戰到底的島津義久也都已經做好吃敗仗的心理準備。

四月，豐臣秀次的軍隊在日向根白坂（今宮崎縣兒湯郡）的戰役中獲勝，九州軍完全喪失戰意，家主島津義久剃髮向豐臣秀吉投降。

豐臣秀吉統一天下之戰④ －攻打小田原－

一五九〇年（天正十八年），與九州征伐相同，豐臣秀吉以違反《總無事令》為由，舉兵攻打北條氏在關東地區的領地小田原（神奈川縣小田原市）。

北條氏之前與對手德川家康達成和議，北條氏家主北條氏直迎娶德川家康的二女兒督姬為正室。因此，德川家康拚命地說服、催促女兒的婆家北條氏服從豐臣秀吉。但北條氏依然無視豐臣秀吉對關東下達的《總無事令》，還奪取了德川屬下真田氏領地的城堡，導致雙方的決戰無法避免。

從京都出發的豐臣秀吉，從同年四月起，以總數超過二十萬人的大軍包圍小田原城（神奈川縣小田原市），發動他擅長的攻城戰。不過，由於敵軍據守堅固的小田原城，豐臣秀吉認為即使二十萬大軍也難以輕易攻下，於是在可以俯瞰小田原城的山上堆疊石牆，建造城堡。

這座作為大本營的城堡，因為是用短時間建成的，所以又有「太閣石垣山一夜城」等別名。據說豐臣秀吉還命人在瞭望台和護城河貼上和紙，使其看起來像是白牆。讓這座「紙糊的城堡」，從遠處看來是一座宏偉的白牆城堡，發揮了足以使敵人失去戰意的效果。豐臣秀吉在這座城堡舉辦茶會和酒會，展現自己的權勢。

以北條氏的立場來說，戰爭初期他們應該是希望能從同盟對象奧州（今青森縣、岩手縣、宮城縣、福島縣、秋田縣東北部）的伊達政宗獲得救援，或是期待德川

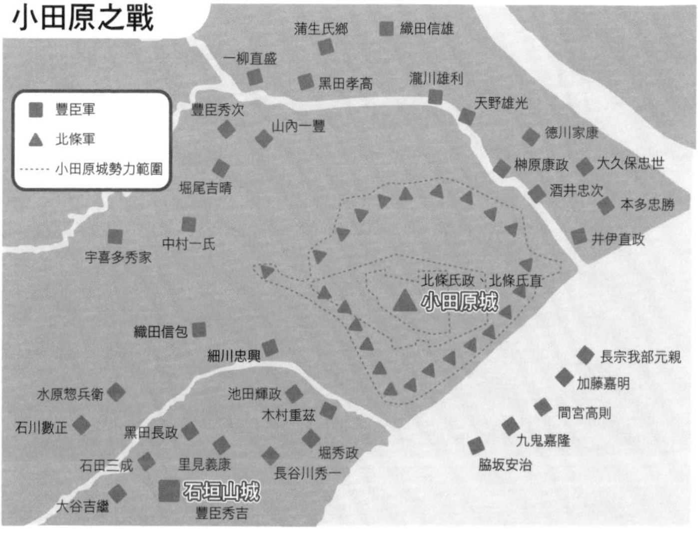

家康背叛豐臣秀吉，如此多少會有一點勝算。可能認為畢竟小田原城堅不可摧，既擁有許多支城，又具有地理優勢，只要守在裡面，即使處於劣勢也能設法度過難關。不過，豐臣秀吉是藉由兵農分離政策使長期戰得以實現，而且還獲得管理天下權限的人物。而北條氏只是專門管理領地，扎根於土地的地侍，根本不是他的對手。七月五日，北條投降，曾侍奉北條的地侍也各奔東西。

德川家康在小田原之戰立下戰功，在戰後獲得北條氏全部的領地。然而，這一決定也意味著沒收德川家原本的領地，包括根據地三河等。也就是說，乍看下領地大幅增加，但實際上形同左遷。不過，德川家康安撫了表示不滿的家臣，明確表示不久後將奪取天下。最後他按照豐臣秀吉的指示，移居到關東。

豐臣秀吉統一天下之戰⑤ －奧州仕置－

北條氏投降後，豐臣秀吉在宇都宮城（位於今栃木縣宇都宮市）對奧羽（今東北地區）大名進行「處分」。換言之，就是分割領土並重新分配。

從一五九〇年小田原之戰爆發開始，豐臣秀吉的有力家臣就一直在催促與北條氏有同盟關係的奧羽大名伊達政宗歸順豐臣方。但可能是因為遲遲沒辦法下決定，伊達政宗很晚才率兵參戰。伊達政宗由於先前在人前擺出接受豐臣秀吉統治的態度，但在背後卻違反中央對奧州下達的《總無事令》，豐臣秀吉在追究其罪責後，下令對伊達政宗進行減封的懲處。同樣地，豐臣秀吉也重新分配各個大名的領土。有些人做出反抗，但最終仍順利平定了東北地區，如願完成天下統一。

出兵朝鮮，有武無德 ―萬曆朝鮮之役―

繼關白之後獲得太政大臣之位，並得到天皇賜姓「豐臣」的秀吉，在平定九州、關東、東北被後成為名符其實的統一天下之人。然而，豐臣秀吉的氣勢卻絲毫沒有減弱，還進一步發動戰爭，侵略中國、朝鮮。

早在一五八五年，羽柴秀吉就在發給家臣一柳末安的印判[*22]中寫到他侵略明朝的計畫。此外，在發起小田原之戰的四年前，羽柴秀吉在前來探訪大坂城（位於今大坂府大坂市）的日本耶穌會副管區長加斯帕爾・科埃略等三十人面前，公開發表自己對出兵朝鮮的想法。其內容是說「如果實現天下統一，我會將日本讓給弟弟秀長，自己則專心征服中國和朝鮮」。

如上所述，豐臣秀吉從很久以前就有侵略明朝的想法。當進入天下統一的最後階段時，才開始有能夠達成這個計畫的實感。

九州征伐結束後，豐臣秀吉透過對馬的宗氏要求朝鮮王朝的「國主」到京都稱臣。但宗氏為了阻止這異想天開的計畫，沒有遵從指示，實際上也沒有向朝鮮派遣使節。豐臣秀吉沒有取得預期的成果，侵略的欲望隨之增強。

豐臣秀吉在將關白一職讓給外甥豐臣秀次後，專心投入「入唐」大業。他中斷之前進行的大佛殿工程，將材料和勞力拿來建造用來渡海的軍艦。通知大名要從朝鮮進軍明朝，並下令出兵。為了掌握侵略戰可動員的農民，進行人口調查。

*22 戰國時代的一種武家文書。

豐臣秀吉派出的日軍大約十五萬九千人。

一五九二年（文祿元年）四月十三日，作為先鋒的小西行長等人率兵包圍釜山城（位於今大韓民國釜山廣域市）。以此為開端，豐臣政權展開入侵明朝的「文祿之役」。

起初日軍還保有優勢，但隨著戰場擴大、軍糧不足、朝鮮人民奮起抗戰，逐漸陷入困境。因此也同步和對方進行和談，但遲遲無法獲得共識。此外還遇到在極其寒冷的天氣中根本難以進軍的問題。

到了新的一年，補給路線被切斷，義兵崛起，戰局愈來愈混亂。

豐臣秀吉向使節提出了七個條件，再次謀求和

解。但談和的內容卻很不切實際，例如，迎娶明朝公主為日本天皇的妃子、將朝鮮王子扣為人質等。談判交給小西行長一行人，戰爭也就自然而然地進入停戰狀態。

豐臣秀吉的軍隊在這場戰役中做出許多非人道的行為。在文祿之役中，他們對朝鮮進行日本化政策，將日本習俗強加在朝鮮人身上。也有大名強行將俘虜的名字改成日本名的例子。

一五九七年協商破裂，豐臣秀吉再次出兵。「慶長之役」更加殘酷，日軍對待朝鮮人極其暴虐。隨軍醫僧的日記中詳細描述了日軍大量虐殺朝鮮人的場面。

豐臣秀吉的軍隊在前進時不僅虐殺作為戰鬥員的敵兵，連一般民眾都不放過，包括女性、孩子和嬰兒等。起初他們是砍下討伐對象的首級送往日本，作為立下戰功的證明，但對於遠程運送來說，首級太重又太大，所以他們改送耳朵和鼻子作為擊敗敵軍的證明和索取賞賜的證據。

如果是首級，就可以一目了然地分辨出此人是否為戰鬥員，但換成耳朵和鼻子後，就很難辨識。也就是說，只要襲擊一般人民，就能不勞而獲地獲得證據。於是各將領開始瘋狂地到處割朝鮮人的耳朵和鼻子。

他們將這些割下來的耳鼻全都塞入一個木桶中，用鹽或醋醃製後送到豐臣秀吉那裡。在現今的京都府京都市，有一個據說是埋葬耳鼻的舊址，那裡設有祭祀用的「耳塚」。

文祿之役也有人在割朝鮮人的耳朵和鼻子，但在慶長之役時情況愈發嚴重。

這地獄般的場景一直持續到日軍處於劣勢。之後軍隊遭到明朝四萬四千大軍包圍，在嚴寒中被切斷糧食和水的補給，歷經苦戰，直到毛利前來救援才解脫。

然而，當戰爭打得正酣時，一五九八年（慶長三

此時的世界大事

1589年亨利四世開創波旁王朝

在法國宗教戰爭的過程中，法國瓦盧瓦王朝滅亡，波旁家族的亨利作為瓦盧瓦血脈，以亨利四世的身分開啟波旁王朝。之後，舊教派不承認作為新教徒的亨利四世，另立其他國王，法國就此分裂。

年），豐臣秀吉在舉行一場盛大的賞花宴後病倒，臥床不起。

最後，他在八月十八日去世，享壽六十二歲。

隨著豐臣秀吉的逝世，對朝鮮的侵略也告一段落。

很久以後，德川幕府嚴厲批評這次侵略朝鮮的行為：「當人民終於迎來平穩的生活時，他卻決定要遠征，竟然還想將個人的私慾帶到外國。」、「豐臣秀吉擁有百戰百勝的戰略頭腦，但由於無德，最終讓百萬士兵受外國賊的刀箭所苦。」

正如上述所言，豐臣秀吉對朝鮮發動攻勢這一行為沒有所謂的「德」，也沒有他此前一直高舉的「無論是誰都必須服從的正當理由」。不但沒有帶來利益，反而導致臣子分裂，引發了之後的關原之戰（今岐阜縣不破郡）。

當然，如果沒有豐臣秀吉，社會將需要花費更長的時間才能結束「不知道什麼時候會爆發私鬥，無時無刻都在開戰的亂世」。《總無事令》可以說是劃時代的和平令。也能說是豐臣秀吉透過《太閤檢地》（土地調查）整頓了社會的基礎，利用《刀狩令》阻止不必要的殺戮，藉由《伴天連追放令》防止奴隸貿易。而《海賊停止令》則可以視為為大海帶來了和平。

只是這場「萬曆朝鮮之役」推翻了豐臣秀吉的「和平主義」，並突顯出所有政策的雙面性。當然，也有人認為，之所以侵略朝鮮，是因為國內已經不會再有戰爭，只好從海外尋求獎賞的機會，如果不這麼做，就沒辦法繼續壓制臣子。

不過，豐臣秀吉在晚年散布自己是太陽之子或私生子的流言，從在世時候就將自己神格化。就這個角度來看，以《總無事令》禁止私鬥和頒布《刀狩令》是在將下克上扼殺在搖籃裡，目的是避免出現第二個豐臣秀吉。而《伴天連追放令》則顯示出豐臣秀吉的恐懼感和自尊心，既害怕又不能接受出現自己以外的神明。

豐臣秀吉從普通的平民一路爬到統治者的位子，是個深知社會殘酷面的統一天下之人。也許正因為他是個對時代的神聖和世俗，以及人類的善與惡瞭若指掌的人，其人生中的光明面和黑暗面才會如此鮮明。

支持豐臣秀吉的頭腦派武將

石田三成

Mitsunari Ishida

1560～1600

一手掌管豐臣政權幕後的人

石田三成出生於近江地侍家，是豐臣秀吉擔任長濱城主時所發掘出的人才。關於豐臣秀吉與石田三成的相遇，有一則相當有名的軼聞——豐臣秀吉順路在石田三成出家的寺廟小憩時，石田三成獻了三次溫度不同的茶水，由此看出其年紀雖小，卻很懂得體貼。

石田三成在行政事務處理能力方面相當出眾，作為豐臣政權的智囊嶄露頭角。九州征伐時，他在武器、軍糧供給和調動將領、士兵等運送方面大展身手；與島津氏協商的任務也由他負責；在小田原之戰中他模仿豐臣秀吉展開水攻，為攻陷忍城做出貢獻；他還在《大閤檢地》時，以奉行[*23]的身分充分發揮自身的能力；渡海進攻朝鮮時，身負監察將領士兵等任務。然而，由於作為後勤，經常與在第一線打仗的武將產生衝突，戰後在待遇方面與武力派大名針鋒相對。豐臣家內部的分歧，就這樣演變成後來的「關原之戰」。

*23 一種職稱。根據各自的職務負責並執行政務的人。

第四章

德川家康

終於鳴叫的小杜鵑 ─五大老、五奉行制─

豐臣秀吉逝世後，管理豐臣政權的權力交給了所謂的「五大老、五奉行制」。五大老、五奉行制是豐臣秀吉在生前最後幾年建立的最高政權機關，是由有力大名協商、決定重要方針的制度。制定政策的五位大老分別是德川家康、宇喜多秀家、上杉景勝、前田利家、毛利輝元。而前田玄以、淺野長政、石田三成、增田長盛、長束正家則是受命擔任輔佐五大老並在實務方面提供協助的五奉行。

豐臣秀吉生前禁止武家之間任意聯姻、爭鬥和結成同盟，要求五大老、五奉行統一管理。甚至在臨終前命令五大老、五奉行輔佐自己的遺孤豐臣秀賴（當時五歲），由德川家康管理伏見城（位於今京都府京都市），前田利家則是在大坂城（位於今大阪城大阪市）擔任豐臣秀賴監護人。這些將後事全權託付給這兩位大老的要求形同遺言，在豐臣秀吉逝世後仍具有影響力。爾後，負責政務的德川家康成為主導政治人物，權力也隨之愈來愈大。

在這種情況下所產生出的問題是，德川家康的私人聯姻計畫。他承諾讓自己的孩子迎娶伊達政宗的長女，將自己的養女嫁給福島正則等有力大名的兒子。這一行為當然違反了豐臣秀吉的遺言，進而引起德川家康以外的四大老和五奉行的抗議。

一般認為，豐臣秀吉打算利用「五大老、五奉行制」來分散權力，使五大老、五奉行相互監督，並用自身的力量來守護豐臣家的地位和血脈，維持社會的安定。但對於尚存下克上風氣的戰國末期社會來說，這個嘗試為時過早。德川家康預料到豐臣秀吉過世後的情況並展開行動，逐漸

五大老、五奉行制

（　）是指領地，單位為萬石

五大老	
德川家康	（256）
毛利輝元	（112）
上杉景勝	（120）
前田利家	（83）
宇喜多秀家	（57）
（小早川隆景*）	

*在其去世後才稱五大老

五奉行		
淺野長政	（22）	檢地和司法
增田長盛	（22）	土木
石田三成	（19）	行政
長束正家	（5）	財政
前田玄以	（5）	朝廷和寺社

獲得其他成員都無法控制的領導力。

面對德川家康這樣擴張勢力的行為，石田三成是最先感到危險並進行反抗的人。

石田三成是豐臣政權的官僚派，他在兩次侵略朝鮮的過程中，與加藤清正、黑田長政、藤堂高虎等武力派大名針鋒相對。豐臣秀吉利用《總無事令》實現了「和平」，但入侵朝鮮的惡政，卻導致家臣分裂。

德川家康藉由插手豐臣家臣的內部衝突，逐漸削弱豐臣政權的力量。好不容易實現的「和平」社會即將迎來最後的混亂。五大老前田利家的逝世，即是造成這個結果的契機之一。

前田利家出生於一五三八年，他是個以成為織田信長的近臣並作為親衛隊的一員而揚名的人。此外，也

此時的世界大事

1598年法國亨利四世頒布《南特詔令》

在法國爆發的新、舊教派之間的內戰法國宗教戰爭，最後舊教派以改信天主教（舊教）為條件承認亨利四世為國王，而亨利四世則頒布《南特詔令》准許部分基督新教（新教）信仰，戰爭就此結束。

是以「槍之又左」的外號為人所知的武藝高手。在賤岳（今滋賀縣長濱市）之戰中放棄攻擊柴田勝家，決定撤退，此舉成為豐臣秀吉致勝的關鍵，他也因此獲得金澤城（位於今石川縣金澤市）。豐臣秀吉逝世後，前田利家以豐臣秀賴的監護人身分成為政權的核心，並作為各大名的中間人，努力地維持武家之間的和諧。

從地位和經濟能力來看，晚年的前田利家並非無法奪取天下。也許是因為少年時期曾做出殺死茶坊主這種不光彩的事情，還有過因此遭到驅逐的慘痛經歷，他並沒有表現出野心。不過這也可能是他如此受人愛戴的原因。

一五九九年（慶長四年）前田利家病倒後，武力派開始顯露出他們壓抑的憤怒，石田三成被迫下臺。前田利家和石田三成這兩個重要人物的消失，為德川家康提供了一個再好不過的機會，其政治地位因此愈發穩固。

「杜鵑鳥若不啼，那就等到牠鳴叫為止。」正如江戶時代後期的隨筆《甲子夜話》中收錄的這句話一樣，德川家康一直在等待織田信長和豐臣秀吉的逝世。盼望了這麼久，德川家康的天下終於要來臨。

德川家康的履歷　—小牧、長久手之戰—

據傳，松平家的第一代是名為德阿彌的時宗僧侶。德川家康（本姓松平）於一五四二年在岡崎城（位於今愛知縣岡崎市）出生，乳名為竹千代。

三河（今愛知縣東部）夾在駿河（今靜岡縣中部和東北部）的今川和尾張（今愛知縣西部）中間。德川家康的父母因為今川、尾張對立關係的影響而離異。為了對抗織田氏，德川家康的父親松平廣忠向今川家請求援助，今川家的家主今川義元要求將竹千代（即德川家康）作為人質。然而，在送竹千代前往今川義元所在的駿府時，卻因親屬背叛，最後竹千代被送到尾張的織田方。

織田家家主織田信秀獲得松平家嫡長子後，以此脅迫松平廣忠臣服，但雙方協商破裂，竹千代就這樣留在尾張。後來，因為今川方俘虜織田信秀的兒子，織田和今川達成交換人質的協議，於是竹千代於七歲時回到岡崎城。

但他馬上又被送到駿府，並在十四歲完成元服儀式後，成為今川氏底下的武將。在一五六〇年的桶狹間（位於今愛知縣名古屋市）之戰後，德川家康放棄戰敗的今川氏，並於兩年後也就是二十歲時，作為松平家的家主與織田信長結成同盟。他捨棄今川義元的「元」字，改名為「家康」（原名為元康）。

之後德川家康於二十八歲時參與姉川（位於今滋賀縣長濱市）之戰，受到織田信長的盛讚：「戰爭之所以能夠獲勝，都是歸功於德川的威武。」

三十歲那年德川家康指揮三方原（位於今靜岡縣濱松市）之戰，結果慘敗。不過德川軍武士的屍體「朝著武田軍的都是趴在地上，面向濱松城的都是仰躺在地上」，也就是說，沒有一個人是因為逃跑而被殺，所有的屍體都是面向敵人時受傷。因此，作為勝利者的武田信玄表示：「即便取勝了也要害怕濱松的敵人。」

接著在三十三歲時，德川家康參與長篠（位於今愛知縣新城市）之戰，打敗武田信玄的兒子武田勝賴。武田勝賴在談論德川家康的兒子時表示：「三河出現名為信康的年輕才子。」

就這樣德川家康經歷了《德川實紀》中的三次大戰，「與織田信長一起打敗中世紀權威、權力的核心，也就是足利義昭的戰役」之後，迎來與羽柴秀吉的決戰——一五八四年爆發的第四次大戰「小牧、長久手之戰」。

德川家康響應同盟對象織田家織田信雄的請求，將秀吉軍視為戰場上的對手。與秀吉軍的十萬士兵相比，信雄、家康聯軍只有一萬至三萬人。儘管人數相差懸殊，德川家康仍然與東北的北條氏結為同盟，並拉攏四國的長宗我部氏、紀伊（今和歌山縣、三重縣南部）的雜賀眾和根來眾，盡可能地做出排場。

同年的三月十七日，森長可隊和池田恆興隊從尾張和美濃（今岐阜縣南部）交界處附近的羽黑（位於今愛知縣犬山市）攻入，家康方的酒井忠次等趁他們兵分兩路時展開攻勢，順利取得勝利。對於以勇武著稱，甚至被稱為鬼武藏的森長可來說，這次的敗北是一大恥辱，為了挽回名譽，森長可在四月九日參與了以池田恆興等人為主的特別行動隊，奇襲敵方領地三河。結果德川家康察覺到這一動向，離開小牧山（位於今愛知縣小牧市），與前往三河的敵方勢力在長久手（今愛知縣長久手市）開戰。最後森長可受槍擊身亡，池田恆興也戰死沙場。

戰役在羽柴秀吉轉而採取和平談判後，以平局告終。但從結果來看，德川家康讓羽柴秀吉和全國上下再次意識到，羽柴秀吉還有自己這個最強大的對手。

這時的德川家康四十二歲，不久後他將臣服豐臣家，經過歲月的推移，連豐臣秀吉都辭世，而德川家康在即將年滿六十歲時，面臨第五場大戰「關原之戰」。

《直江狀》的謎團　－大規模戰役的開端－

如先前所述，石田三成是豐臣方中最早將德川家康視為威脅的人。他被迫待在根據地佐和山城（位於滋賀縣彥根市）隱居時，也一直在伺機反擊。

同一時間，德川家康遵從豐臣秀吉的遺言，進入伏見城。在持續的交涉下，他增加了許多大坂城內的友軍，並且在豐臣秀吉的正室高台院遷居後搬入大坂城。德川家康就這樣將豐臣的權威收歸己有，彷彿豐臣秀吉吩咐他「在伏見處理政務」這件事從一開始就不存在一樣。五大老中，前田利家已經去世，能夠制衡德川家康的只剩下宇喜多秀家、毛利輝元和上杉景勝三人。

一五五五年出生的上杉景勝是上杉謙信姊姊的兒子，被膝下無子的上杉謙信收為養子。上杉謙信去世後，上杉景勝與同為養子的上杉景虎為了爭奪繼承權而開戰。一五七八年（天正六年），上杉景勝手握上杉謙信的軍用金，在「御館之亂」這場繼承人之爭中獲勝。之後上杉景勝依然與織田信長保持敵對，但到了羽柴秀吉的時代，上杉景勝開始協助統一天下的事業，接受領地轉移，並在遷移到會津（位於今福島縣西部）後獲得若松城（位於今福島縣會津若松市）。

他將這次轉封時增加的領地用來加強軍備，以穩定領地。但這些行動卻讓德川家康有機可乘。德川家康懷疑上杉景勝準備叛變，要求上杉景勝前往京都。

以「愛」字頭盔聞名直江兼續，對這個要求表示強烈反對。他在五歲時成為上杉景勝的近臣，是軍事和政治兩方面都很優秀的名將，且與石田三成交情甚篤。

一六〇〇年（慶長五年）四月，直江兼續寫了所謂的《直江狀》，拒絕德川家康前往京都的要求。內容針對反叛的嫌疑以譴責的語氣嚴厲地進行反駁。

德川家康看完後大發雷霆並離開畿內，石田三成抓準機會趁機舉兵。因此《直江狀》經常被稱作是關原（位於今岐阜縣不破郡）之戰的開端。

不過，關於這一連串的動向，有各種不同的說法。也有人認為是「石田三成想要守護豐臣秀賴的政權，參與撰寫《直江狀》，以此惹惱德川家康，將其引誘出江戶」。另一方面，也可以看作是「德川家康以控制三成方武將為目標，為了誘發決戰，刺激上杉景勝，製造離開畿內的理由」。

德川家康下定決心攻擊上杉景勝，將諸將召集到江戶城（位於今東京都千代田區），制定軍隊紀律，並出兵討伐會津。而石田三成在德川家康離開後於畿內舉兵，局勢擴大成「決定天下的戰爭」。

此時的世界大事

1600年英國東印度公司成立

都鐸王朝的伊莉莎白一世頒布特別許可，允許由倫敦商人組成的英國東印度公司成立法人公司。他們以分布在東亞各地的商行為據點進行壟斷貿易，將當地的特產運往歐洲。

column 6

與葡萄牙船作戰的毛利水軍

從安藝的領主成為率領戰國第一大水軍的武將

毛利氏是從鎌倉時代延續下來的名門望族，但其實毛利氏在一開始只不過是安藝（廣島縣）的國人領主之一而已。然而，在毛利元就於一五二三年繼承家業成為第十二代家主，並消滅從屬於毛利家的周防（位於今山口縣東部）大內氏和出雲（位於今島根縣東部）尼子氏後，毛利氏迅速成長為統治中國全境的大大名。其中，毛利元就將二男毛利元春和三男毛利隆景，分別送給安藝的吉川氏和小早川氏當養子，以此擴大勢力。

毛利氏還利用水軍的力量來擴展勢力。由毛利隆景繼承的小早川氏擁有強大的水軍。毛利水軍以小早川水軍與河之內水軍（毛利氏從屬於大內氏時，透過戰功獲得的水軍）這兩支軍隊為核心，再加上瀨戶內海的戰鬥自治團體和三島（今因島、能島、來島）的村上水軍，成為戰國規模最大的水軍。

毛利氏在各個年代的勢力圖

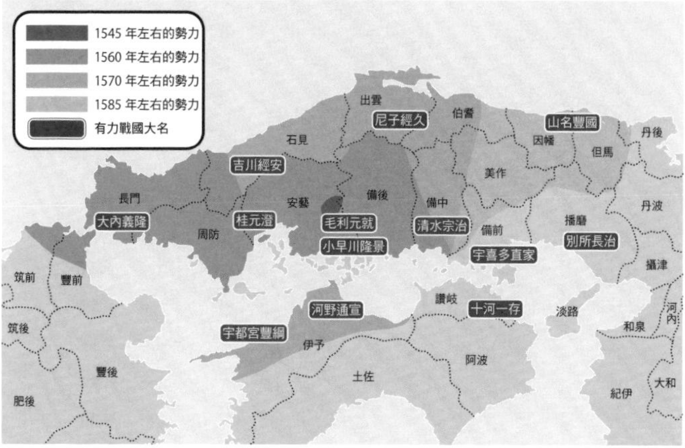

進攻九州也是毛利元就的目標之一，他入侵九州北部，將豐前的門司城（位於今福岡縣）作為據點，與豐後（今大分縣）的大友氏爆發衝突，最後以雙方談和告終。但在一五六一年的戰役中，大友軍讓停留在豐後中心府內（今大分市）的葡萄牙船朝著門司城發射大炮，結果毛利軍以壓倒性的水軍能力贏得這場激戰。

毛利元就逝世後，毛利水軍仍然十分活躍。在一五七六年的第一次木津川口（今大阪灣）之戰中，毛利水軍透過封鎖海域和補給軍糧，協助本願寺擊潰織田軍。直到在第二次木津川口之戰遭到織田軍的巨型鐵甲船擊敗為止，毛利水軍一直相當有名。

決定天下的戰爭 ─關原之戰─

石田三成為了打倒德川家康，一步一步地將西國大名拉攏到友軍中，逐漸形成對抗東部德川家康的勢力。

與石田三成一起成為西部核心的是越前（今福井縣北部）敦賀城主大谷吉繼。一般認為一五五九年出生的大谷吉繼與豐臣秀吉有親戚關係，據說其是從一五七〇年代開始以家中的身分侍奉豐臣秀吉。大谷吉繼與石田三成是舊識，也是好朋友。在進攻朝鮮時，他們一起擔任舟[*24]奉行，負責安排船隻。

當初在石田三成毫不隱瞞地對大谷吉繼傾訴打倒德川家康的決心時，大谷吉繼勸石田三成再仔細考慮清楚。但最後大谷吉繼折服於石田三成為豐臣家著想的熱情，決定不管身體的病痛，與石田三成一起戰鬥。

除此之外，西軍的重要將領還有小西行長、小早川秀秋、島津義弘。

五奉行中參與西軍的有增田長盛、長束正家、前田玄以，另外一位淺野長政早

*24 中世紀武家的職稱。負責軍船、水路和水軍相關職務。

已因涉嫌暗殺德川家康而下臺，等於是剩下的奉行都站在石田三成這方。

而五大老中的宇喜多秀家和毛利輝元這兩個人也成為石田三成的盟友。

一六〇〇年（慶長五年）七月十一日，毛利輝元以「西軍」總大將的身分進入大坂城西之丸。五大老中的其他人，前田利家已逝世，上杉景勝正在準備與德川家康交戰。也就是說「五大老、五奉行制」中選定的人中，德川家康將除自己以外的所有人，即豐臣政權的中樞全員都變成自己的敵人。

假設從《直江狀》開始一連串的舉動都是德川家康的計謀，那就等於是德川家康已經做好面對西軍勢力版圖的準備，並下了一個決定天下的大賭注。

此時的世界大事

1601年中國蘇州爆發織傭之變

中國的蘇州是一個以經營絲織品而繁榮的工商業城市。當明朝派遣的官員開始對商人徵稅，並打算也對織布機課徵稅賦時，爆發了商人集體罷工、工人暴動等抗議事件，最終只好取消徵稅。

毛利輝元進入大坂城的當天，西軍發表了對德川家康的彈劾狀。

他們以這個寫有要打倒德川家康的彈劾狀為依據，動員西軍的各個大名。

彈劾狀的目的不僅僅是動員而已。西軍在彈劾狀中否認石田三成和大谷吉繼圖謀反叛，現下是以討伐德川家康，發動「豐臣公儀[*25]」權力的名義來行動。

德川家康得知石田三成舉兵時，人在前往會津途中的下野小山（今栃木縣小山市）大本營。在得知消息的隔天，也就是在七月二十五日召開的軍事會議在歷史上稱為「小山評定」。

於是，德川家康對各將領表示：「若是擔心被挾持為人質的妻兒，請不要有所顧慮，直接離開。」德川家康是總大將，但這個軍隊終究還是屬於豐臣政權的，他無權在未經批准的情況下命令他們上戰場。更何況，各將領可能會支持石田三成的意見，作為豐臣方反對德川家康。

然而，武力派對石田三成懷有非常強烈的敵意，福島正則還因此表示：「只要德川家康尊重太閤（豐臣秀吉）的遺言，擁戴年幼的豐臣秀賴，我將不顧妻兒，

*25 戰國時代的最高權力。

關原之戰的豐臣派和德川派

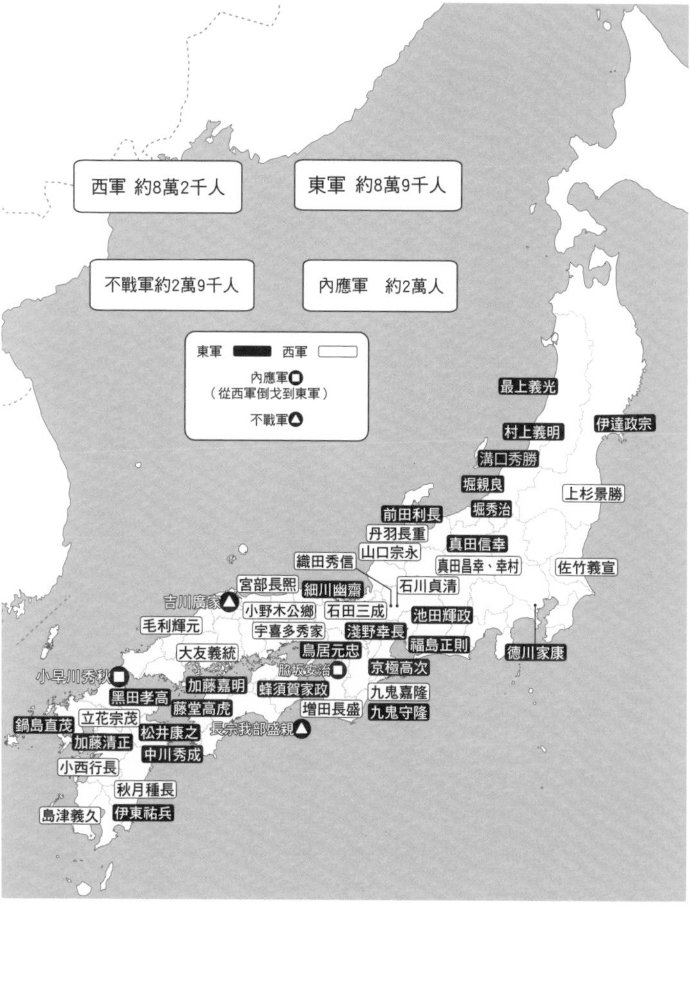
西軍 約8萬2千人
東軍 約8萬9千人
不戰軍約2萬9千人
內應軍 約2萬人
東軍
西軍
內應軍
（從西軍倒戈到東軍）
不戰軍
最上義光
村上義明
伊達政宗
溝口秀勝
堀親良
上杉景勝
堀秀治
前田利長
丹羽長重
真田信幸
山口宗永
真田昌幸、幸村
佐竹義宣
織田秀信
石川貞清
宮部長熙
細川幽齋
吉川廣家
小野木公鄉
石田三成
池田輝政
毛利輝元
宇喜多秀家
淺野幸長
福島正則
德川家康
大友義統
鳥居元忠
脇坂安治
京極高次
小早川秀秋
加藤嘉明
蜂須賀家政
黑田孝高
九鬼嘉隆
藤堂高虎
增田長盛
九鬼守隆
立花宗茂
鍋島直茂
松井康之
長宗我部盛親
加藤清正
中川秀成
小西行長
秋月種長
島津義久
伊東祐兵

帶頭討伐石田三成。」之後各將領也紛紛同意福島正則的想法。在東海道擁有城堡的大名主動讓出各自的城堡，支持德川家康西進。

儘管德川家康可以讓討伐上杉的軍隊，以自己能夠合理指揮的「東軍」身分來行動，他在八月初進入江戶城後，卻將近一個月都沒有任何動作。

這一行為可以解釋為，他在向西軍展現出游刃有餘的姿態，同時也有人認為，這是在確認藤堂高虎、福島正則等人的真心。甚至還有人覺得他是在花費時間進行宣傳自身正當性的活動。而德川家康在這段時間確實是到處向各國傳達石田三成和大谷吉繼的「叛變」，以此強烈呼籲自身的正當性。畢竟如果對之前的彈劾狀置之不理，就會損害東軍出征的正義性。

對德川家康來說，幸運的是，豐臣秀賴的生母淀殿承認東軍的正當性。言下之意，就是將石田三成和大谷吉繼視為謀反人。宣傳活動也成功奏效，這場鬥爭的名義最終變成「豐臣家」內部親德川家康派和親石田三成派之間的抗爭。淀殿為了保護豐臣秀賴的安全也沒有明確表態，導致人民普遍認為石田三成是謀反人，而德川家康才是支持「公儀」的那一方。

到了九月，德川家康終於開始行動。為了對西軍造成巨大的打擊，德川家康命東軍的豐臣武將從江戶城啟程沿著東海道前進，他自己也朝著西方前進。

不久之後，大津城（位於今滋賀縣大津市）的京極高次倒戈到家康方，三成方出兵攻城，但高次軍頑強抵抗，演變成長期戰，導致攻擊大津城的軍隊沒辦法參與關原之戰。攻擊細川幽齋所在城堡田邊城（位於今京都府舞鶴市）的軍隊也是如此。於是三成方在關原之戰開打前，就少了三萬左右的兵力。

西軍和東軍的進軍路線

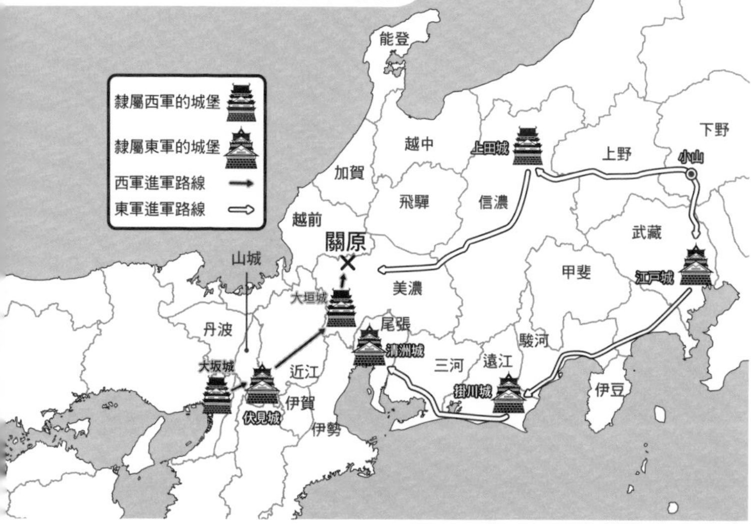

不過，家康方也出現「預料之外」的戰力下降情況。

德川家康的兒子德川秀忠率領一支超過三萬人，可以稱作是德川主力的大軍，為了擊潰敵對勢力，沿著中山道前進。但他們在進攻真田昌幸和真田信繁父子防守的上田城時被拖住腳步，被迫經歷好幾天的苦戰。最後德川秀忠在九月十日放棄攻城繼續西進，但還是沒能趕上關原之戰。

另一方面，德川家康捨棄可能會演變成長期戰的守城戰或攻城戰，決心要以野戰的方式進行這場決戰。於是他放出消息，表示要攻陷石田三成的根據地佐和山城，並動身前往大坂。

西軍為了阻止德川家康前往大坂，在將成為決戰地的關原盆地布陣。

在此之前，西軍已經攻陷德川家康在京都的據點伏見城。戰力上的減少並不影響這支大軍，他們依然在局勢上占據優勢。

石田三成和宇喜多秀家分別在笹尾山（位於今岐阜縣不破郡）和天滿山（位於今岐阜縣不破郡）布置兵力，他們像是要控制中山道的交界地帶般，從關原盆地的西北部開始部署軍隊，擺出陣形，以包圍即將到來的東軍。

另一方面，小早川秀秋的軍隊則是從交戰前一天開始進入西南方的松尾山（位於今岐阜縣不破郡）。

西軍方的小早川秀秋是豐臣秀吉的正室高台院的哥哥所生的兒子，豐臣家收養其作為豐臣秀吉的接班人。但在豐臣秀吉的親生兒子出生後，就轉而送給小早川家當養子。可能是因為這個原因，小早川秀秋的立場頗為尷尬，進而成功被德川家康策反。

除了小早川秀秋外，毛利的軍隊組成特別行動隊加強防守東邊的南宮山（位於今岐阜縣大垣市）。他們不顧作為總大將鎮守大坂城的家主毛利輝元，與德川家康祕密達成不參戰的協議，以換取領地的所有權。

此時的世界大事

1604年莎士比亞的《奧賽羅》在宮殿演出

威廉・莎士比亞是英國最具代表性的劇作家。其被譽為四大悲劇的作品相當有名。1604年，莎士比亞所屬的劇團在斯圖亞特王朝詹姆士一世的庇護下，於懷特霍爾宮上演四大悲劇之一的《奧賽羅》。

德川家康率領的東軍姍姍來遲。總大將德川家康與直屬的旗本[*26]在桃配山（位於今岐阜縣不破郡）設立大本營，並將德川家大名安排在大本營前的正中央。在最前線排成一列的是福島政則和藤堂高虎等豐臣武將。

西軍約八萬人對上東軍約九萬人。

東軍的戰力略高，但由於秀忠軍被困在上田，德川家康可以完全信賴的德川兵並不多。再加上西軍占據高地，東軍也沒有地理優勢。目前無法得知德川家康當時的心情，但如果沒有預期小早川秀秋的倒戈，那就必須做好吃敗仗的準備。

九月十五日上午，「決定天下」的戰爭終於開打。

德川家的重臣井伊直政像是撕裂濃霧般地衝入敵營。照理說這時作為先鋒攻入敵營的權利應該屬於福島正則，即使以視野不好為由，井伊直政的行為仍然違反規則。不過，戰爭既然已經開始了，當然也就沒辦法再重來一次。

在濃霧中，雙方賭上性命激烈交鋒。然而，南宮山的毛利軍卻按照祕密協議，對這場戰爭作壁上觀。松尾山的小早川秀秋也因為遲遲無法決定到底要不要出兵

*26 直屬於大將，負責鎮守大本營的武士。

攻擊而沒有行動。兩軍勢均力敵，互不相讓。

在如此膠著的情況下，家康軍動搖了戰局，開槍催促小早川秀秋倒戈。作為回應，秀秋軍突然對大谷吉繼的軍隊發動攻擊。

抓住致勝機會的東軍發動全面進攻，殲滅小西軍，打敗宇喜多軍。吉繼軍也全軍覆沒，抱病乘轎指揮作戰的大谷吉繼當場自盡。

三成方瞬間分崩離析，孤立無援的島津軍拚死突破敵軍，逃離關原。他們在失去近一千名將士的情況下，勇猛地展開名留後世的撤退戰。

石田三成之後離開戰場逃到伊吹山（位於今滋賀縣米原市），但很快就遭到捕獲並押解至京都，最後於十月一日被處刑。

「決定天下的戰爭」僅僅一天就結束了。

在東北、北陸、九州等各地爆發的東、西軍衝突，也隨著關原之戰的結束而逐漸平息。西軍的總大將毛利輝元也接受協商，帶兵離開大坂城。

「贏得關原之戰的是東軍的德川家康」，這一事實逐漸威脅到公儀豐臣家。

column 7

日本銀與國外的關係

與日本的貿易是荷蘭獨立不可或缺的一環

在十六世紀，大量的「銀」活化了各國貿易。在一五三〇年代的日本，從朝鮮傳來一種名為灰吹法的煉銀法，以石見銀山（位於今島根縣）為代表，銀的產出量迅速增加。戰國大名為了獲得打仗的軍費，加速開發礦山，日本進而作為銀的一大產地而廣為人知。一五四〇年代，西班牙開始開發位於南美洲殖民地的波托西銀山（玻利維亞），他們強迫原住民勞動，開採出大量的銀。銀是歐洲從東南亞購買辛香料時用來當作「銀幣」使用的貨幣，而銀幣作為歷史上第一個國際貨幣，需求量不斷地增加。

十七世紀初，當時在國際社會中，荷蘭是最想要銀幣的國家，因為國內正在進行獨立戰爭。敵人西班牙是從其他國家的殖民地奪取財富的大國。荷蘭要想順利獨立，就必須要有一個取得銀的個人管道，以此獲得貿易

日本主要的銀山

的利潤。

於是日本成為荷蘭可靠的貿易對象。豐臣秀吉逝世後，贏得關原之戰的德川家康重用礦山奉行大久保長安，以擴大佐渡（今新潟縣佐渡島）及各地的礦山開發業務。當時從佐渡金銀山開採出來的銀純度很高，產量號稱世界第一。以荷蘭船愛情號漂流至豐後（今大分縣）為開端，荷蘭與日本建立了貿易關係，作為換取銀的報酬，荷蘭則將大炮等武器轉讓給日本。德川家康將這些武器投入大坂之陣，讓豐臣軍飽受折磨。

刁難梵鐘 —天海與方廣寺鐘銘事件—

關原之戰結束後，德川家康回到大坂城，向豐臣秀賴報告得勝喜訊。接著，他到西之丸進行戰後的處置。

針對作為戰敗者的西軍大名，八十八家的領地充公（改易）、縮減五家一部分的領地（減封），總共沒收六百三十二萬石。至於毛利家的部分，在關原之戰時，雙方有以領地所有權為條件達成祕密協議，但前提是「毛利不可跟西軍有所瓜葛」，所以根據毛利輝元作為西軍總大將這一事實，最後沒收了周防（今山口縣東南半部）和長門（今山口縣西半部）以外的領地。

結果，豐臣家的直轄地從豐臣秀吉時期高達四十國兩百二十二萬石，大幅減少到約六十五萬石，只剩下攝津、河內、和泉三國，也就是今兵庫縣的一部分以及大阪府北中部到南部。豐臣秀賴作為豐臣家家主，其領地在經過戰後的領國分割後，縮小到僅剩一位大名的程度。

與之相反，對於作為勝利者的東軍大名則是根據功績授予領地。德川家康將六十八位與德川家關係緊密的大名列為親藩大名和譜代大名，並將全國各地重要的地區分配給他們，作為新體制的基礎。

雖說如此，這並不能表示天下已經完全掌握在德川家康的手中。

如先前所述，手握豐臣家實權的淀殿將關原之戰解釋為與豐臣秀賴毫無關係的戰役，並非豐臣家和德川家之間的鬥爭。敵人至始至終都是背叛豐臣家的石田三成。當然，至今仍聚集在豐臣秀吉威權之下的勢力，同時也是在上次的關原之戰中得勝的豐臣派大名也都持相同的意見。他們和德川家康一樣以「東軍」的身分戰鬥，同樣得到分配給勝者的領地，因此依舊擁有強大的戰力。作為可能起身對抗德川幕府的對手，他們是絕對不能忽視的存在。

一六〇三年（慶長八年）二月十日，德川家康以武家霸主的身分成為征夷大將軍，並開創江戶幕府。他辭去五大老之首和豐臣秀賴監護人的位子，將德川家的根據地設在江戶城，並在成為將軍僅兩年時，就把將軍一職移交給德川秀忠。

德川家康選擇駿府城（位於今靜岡縣靜岡市）作為隱居後的住所。表面上是從將軍退位，但實際上德川家康仍然以駿府大*27御所的身分執掌幕府政治、經濟和外交等一切事務。

德川秀忠的長女，也就是德川家康的孫女千姬也與豐臣秀賴結為夫妻，以兌現與豐臣秀吉的約定。但一般認為家康是打算要透過聯姻，共享豐臣家的權威。

德川家康把將軍之位交給德川秀忠的目的，是為了打破豐臣天下的形象。藉由將*28軍宣下否定「試圖維持關白豐臣秀吉的權威和權力的豐臣政權」，並利用移交將軍之位給德川秀忠，告知全天下「德川政權世襲化」，拒絕讓豐臣政權繼續長存。此外，德川家康還向朝廷提出建議，要求「沒有經過江戶幕府推舉的任

此時的世界大事

1607年在美國設立第一個殖民地

英國殖民者移居到美洲大陸，以國王的名字將這塊土地取名為詹姆斯鎮，它是美國十三個殖民地中歷史最悠久的地區。殖民者向原住民學習，成功栽培出菸草，並在之後確立大型種植園的形態。

命皆屬無效」。

武家就任官職原本是由朝廷主導，官位高低優先於石高的多寡，以此表示武家的等級。不過，當時豐臣政權介入這一任命程序，如果放任不管，可能會出現豐臣家或朝廷與各地大名透過任命官職擅自產生聯繫的情況。所以德川家康切斷江戶幕府以外的升官管道，藉此在江戶幕府的統治下，重新組成全國的大名。

德川家康召集在京都的大名，強迫他們立下三條誓約。

第一條，就如同源賴朝以來的歷代將軍一樣，遵守德川秀忠將軍頒布的法令。

第二條，不讓那些違背法令和將軍命令的人躲藏在領國。

第三條，雇用的武士中如果出現叛徒或殺人犯，不得包庇。

這同時也是在避免關原之戰後大量出現的西軍浪人加入豐臣家。

江戶幕府接二連三規定的限制，大幅地削弱豐臣家，並將豐臣家逼入絕境。後來，在一六一四年（慶長十九年）七月發生了「方廣寺鐘銘事件」，導致雙方之間的衝突無可避免。

*27 對隱居將軍的尊稱。

*28 朝廷宣旨任命征夷大將軍的程序。

方廣寺（位於今京都府京都市）是豐臣秀吉下令建造的寺院，一方面是為了對抗奈良的大佛，二方面是因為他也希望京都有一座大佛。大佛花了九年才竣工，中間還因為入侵明朝的計畫而停工，但次年卻在大地震中倒塌。重建後又因為火災而燒毀，於是再次進入重建工程。

然而，江戶幕府卻認為與大佛一起完成的巨大梵鐘有問題，他們指出，鐘上刻著的「國家安康」、「君臣豐樂」這兩段文字，有切斷德川家康之名諱，期望豐臣家繁榮昌盛之意。以此找到摧毀豐臣家的導火線。

有一種說法是，方廣寺鐘銘事件的策劃人是支持德川家康的天台宗僧侶南光坊天海。天海這位僧侶在江戶幕府的建立期間，對於新秩序的形成扮演著很重要的角色。目前並不曉得其確切的出生日期和地點，但普遍認為他來自會津豪族蘆名氏。天海在延曆寺（位於今滋賀縣大津市）和幾個寺院修行，並成為關東天台宗本寺院的住持。一六二五年（寬永二年），他在相當於江戶城鬼門（東北方）的上野忍岡（今東京都台東區）創建了寬永寺。

天海與德川家康相遇的時間不明，但在關原之戰後，天海已經得到德川家康的信任。據說天海的佛法問答（關於教義的問答）相當巧妙，甚至令德川家康為之欽佩。有人認為，德川家康聲稱是聽取佛法問答，其實是與天海進行多次密談。方廣寺鐘銘事件或許也是在這樣的祕密會議中計畫出來的。

那個女人「淀」—大坂冬之陣—

事件的背景至今仍是一團謎，但對鐘銘的指責的確是幕府的藉口。豐臣一方既不能抗議也沒辦法立即出戰，只好想辦法避免衝突。

於是淀殿派大藏卿局和正榮尼兩人作為使者前去向德川家康解釋。大藏卿局是養育淀殿的乳母，與淀殿之間有著堅定的信賴關係，管理大坂城內的責任也是由大藏卿局的兒子大野兄弟負責。德川家康款待前來駿府拜訪的她們，並要她們放心，不用擔心鐘銘的事情。

不過，豐臣方單獨派往駿府的另一位使者片桐且元遇到的情況與大藏卿局相反，他遭到幕府重臣的質問，並帶回三個對豐臣方不利的選項。

一、豐臣秀賴前往江戶謁見幕府將軍。

二、淀殿作為人質前往江戶。

三、豐臣秀賴答應移封，離開大坂。

江戶幕府要求從三個選項中選擇一個。德川方採取完全不同的態度對待這兩個使者，背後的原因可能是要造成豐臣方的混亂。

不論江戶幕府是在盤算什麼，以淀殿為首的豐臣方都對這些選項感到憤怒。片桐且元是在賤岳之戰大展身手的七本槍之一，也是豐臣家的家老。但片桐且元從駿府回來後，豐臣方懷疑他是

此時的世界大事

1610年路易十三世即位成為法國國王

因為法國波旁王朝國王亨利四世遭到暗殺，9歲的路易十三世即位，由其母親瑪麗・德・麥地奇攝政。之後兩人開始針鋒相對，聖職者黎希留從中調停，並獲得路易十三世的信任，以宰相的身分支持路易十三世的極權主義。

德川的手下，甚至還有人提出暗殺計畫，結果片桐且元如同被驅逐出境一樣離開大坂城。豐臣方對片桐且元的態度成了戰國時代最後的戰爭「大坂之陣」的開端。

儘管如此，考慮淀殿的前半生，德川方提出的條件可謂屈辱至極。

「淀殿」就是淺井三姊妹的長女茶茶，一五六九年左右誕生於北近江（今滋賀縣長濱氏、米原氏等）的小谷城（位於今滋賀縣長濱市）。正如之前在第二章介紹的，茶茶的父親淺井長政敗給她的舅舅織田信長後自盡。十年後，母親阿市也在再嫁對象柴田勝家被豐臣秀吉打敗時自盡。

在後世被譽為「絕世美女」的三姊妹受到豐臣秀吉的保護，老大茶茶於二十歲時成為豐臣秀吉的「側室」。還有一種說法是，兩人早在這之前就發展出情愫，豐臣秀吉將茶茶當作正室般地對待。妹妹們對茶茶表示：「不要失去淺井的驕傲。」但現實是她不得不從，只能嫁給嫁給那個摧毀淺井家，並導致她母親死亡的人。這是那個時代的常識，但內心不可能平靜地接受。

淀殿以統一天下之人的外甥女身分誕生，成為統一天下之人的妻子，是作為統一天下之人的親生母親，甚至可以掌控日本的人物。或許無論是她接受成為仇人側室的人生，還是培養豐臣秀賴，將德川家康作為對手採取堅決的態度，都是一股執念，為了透過自己的孩子將淺井的血脈傳遍天下，追求本來就應得的權利。對這樣的淀殿來說，完全無法容忍德川家康要豐臣家成為臣子的要求。

與淀殿「不損害所有權利，讓豐臣家得以存續」的欲望相反，高台院表示「只要能夠延續豐臣的家門和血脈，那就算得放

大坂冬之陣

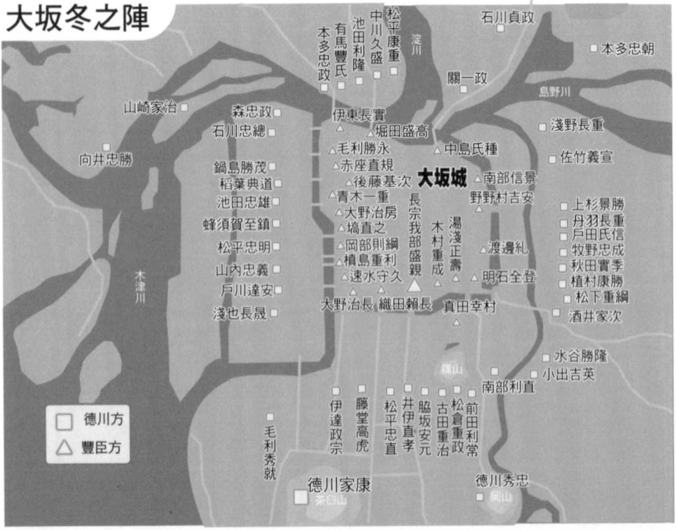

棄權利也沒關係」。

有些人認為高台院，也就是豐臣秀吉的正室寧寧與「側室」淀殿不和。但事實上，她們兩個都為了克服豐臣家的危機而努力合作。舉例來說，在關原之戰中，兩人密切交流，成功營救位於大津城的京極龍子（豐臣秀吉的側室松丸殿）。西軍攻打大津城時，她們派遣侍女去說服城主開城。因此，據說德川家康在對豐臣開戰時，非常警惕「淀殿和高台院的合作」。

當兩家的衝突愈演愈烈時，德川軍阻止高台院離開京都前往大坂，因為她似乎打算去說服淀殿不要開戰。

一六一四年（慶長十九年）十月二日，下定決心與豐臣家進行決戰的德川家康從駿府啟程出發。

德川家康採取一個巧妙的戰術，他不允許福島正則等豐臣派大名參戰，要他們返回自己的領地，但同時又讓他們的兒子參軍，並在第二天十一月二十三日，進入京都的二條城（位於今京都府京都市）。

接著，將軍德川秀忠也率領數萬名士兵從江戶城動身。

據說在大坂城的豐臣方購買了約二十萬石的大米和火藥，為戰爭做準備。戰力上也很充足，城內雇用了關原之戰後出現的十萬餘名浪人，其中還包括真田幸村（信繁）、長宗我部盛親等可靠的前大名。

但島津義弘和福島正則等被寄予厚望的豐臣派大名卻拒絕支持他們。向伊達政宗發送書信，委託他擔任和談的中間人也沒有下文。而一直守護著豐臣秀賴的加藤清正已經去世，豐臣方最後能依靠的只有以堅不可摧著稱的大坂城。

二十六日，戰爭正式開打，開啟了史稱大坂冬之陣的戰役。

德川家康七十二歲，軍隊規模約二十萬人；另一方面，二十一歲的豐臣秀賴，軍隊規模大約十萬人。

大坂城周圍有多條護城河包圍，防禦非常堅固，經一個月後戰況仍相當膠著。

值得一提的是，真田幸村在大坂城南方外層護城河上，以高臺和柵欄建造一個延伸出去的小城真田丸，攔住逼近的德川軍並奮勇戰鬥。德川家康經歷了意想不到的苦戰，開始尋求和解的途徑。而另一邊的豐臣方，也因為德川軍採用最新型的大炮攻擊淀殿起居室，態度上有所緩和。最後豐臣方向德川家康提出的談和條件如下：

一、大坂城只留下本丸，拆毀二之丸和三之丸。

二、織田有樂齋長益和大野治長提供代替淀殿的人質。

三、德川家康不得干涉大坂城內的家臣和新來的武士。

大坂城裡的浪人軍隊害怕再度流浪，希望戰爭可以繼續下去，但事與願違，雙方最終達成和平協議。但兩家對於口頭上的約定「填平大坂城護城河」的解釋有所分歧，導致發展成無法避免再戰的局勢。

豐臣方認為只有填平外護城河，但德川方卻填平了所有的護城河，包括內護城河。因為二之丸和三之丸也遭到拆毀，堅不可摧的大坂城被剝個精光，只剩下本丸。這是在德川的暗算下所形成的結果，但也許是因為德川家康有危機意識，覺得如果不用上欺騙的手段來壓制豐臣家的話，就會演變成長期戰。

另一方面，豐臣方因為防禦力被大幅削弱而大發雷霆。

豐臣家滅亡 —大坂夏之陣—

進入戰鬥狀態的豐臣方開始修復大坂城的護城河和柵欄，將軍糧米和木材搬入城內。城裡的浪人數量也比冬之陣的時候還要多。

德川方也察覺到了這些動向，於是豐臣方在一六一五年（慶長二十年）三月二十四日派使者去駿府進行解釋。結果德川家康反過來要求：「豐臣秀賴要證明對幕府沒有敵意的話，就離開大坂城，搬到大和（今奈良縣）、伊勢（今三重縣北中部、愛知縣和岐阜縣的一部分）或是流放所有的浪人。」不過，豐臣方拒絕這個要求。進入四月後，德川家康前往京都的二條城，決定發起全面攻擊。

二十一日，德川秀忠也抵達伏見城。德川方向豐臣方發出最後通牒，要求移封到大和或是放逐浪人，但豐臣方依然沒有接受。

二十九日，德川方約十五萬人的軍隊發動攻擊，開啟大坂夏之陣。

由於德川方將護城河填平，豐臣方無法進行守城戰，被迫進行野外戰。豐臣方武將展開激戰，真田幸村奮力進擊，曾一度逼近德川家康的大本營，但寡不敵眾，最終遭到擊退。在整個大坂之陣中，豐臣方完全沒有統帥大軍經驗的人，他們之所以會處於劣勢，可以說就是因為缺乏人才。

不久後天守閣被燒毀，五月八日上午，豐臣秀賴和淀殿終於自盡。據說當時豐臣秀賴二十三歲，淀殿大約四十九歲。

豐臣秀賴跟側室生的孩子國松在逃出伏見時被俘，最後斬首於京都的六條河原，年僅八歲。七

此時的世界大事

1613年開啟羅曼諾夫王朝

俄羅斯在經歷十幾年的動盪後，從貴族中選出米哈伊爾・羅曼諾夫擔任沙皇（皇帝），建立羅曼諾夫王朝。羅曼諾夫王朝直到20世紀為止一直與列強對抗，並持續擴大領土，但因為壓迫到人民的生活，最終在俄國革命中滅亡。

歲的女兒則是送到鎌倉的東慶寺出家。

就這樣，繼承豐臣秀吉和豐臣秀賴家業的人皆已消亡，豐臣家迎來滅亡。豐臣秀吉神化為豐國大明神的權威也跟著失效。

高台院的陳情毫無效果，德川幕府拆毀祭祀豐臣秀吉的豐國神社（位於今京都府京都市），並停止祭祀儀式。

大坂夏之陣的結束被稱為是「元和偃武」，意思是「這是最後一場戰役，之後將放下武器，迎接和平的到來」。從這一年開始，江戶幕府將建立長期的「和平」和「文明化」。

隔年，一六一六年新年（一月二十一日），德川家康白天剛愉快地享受完獵鷹，卻在深夜病倒。病情目前尚且不明，有人說是因為吃了炸鯛魚片食物中毒，也有人認為症狀看起來像是胃癌，總之，後來病情雖一度有所好轉，卻又逐漸惡化。最終在四月十七日上午結束七十五年的人生。

神號避開豐臣秀吉用過的「明神」，由天海決定為「東照大權現」。

德川和平① －三個法令－

德川家康推翻了曾經宣誓臣服的主君家族「豐臣家」。大坂之陣是戰國時代，這個由下克上拉開帷幕的時代裡最後的下克上，隨著這場「下克上總結算」的結束，戰亂的時代迎來終結。

在此之後出現了長達二百五十多年的「德川和平」。這裡的「和平」與現代社會理想的「和平」並非一致，儘管如此，江戶時代仍然是世界歷史上罕見沒有大規模對外戰爭和內戰的時代。江戶幕府開啟的「德川和平」，後世模仿古羅馬的和平＝羅馬治世（Pax Romana），稱之為「Pax Tokugawana」。接著就來一起看看造就「德川和平」的各種政策。

此時的世界大事

1618年爆發波希米亞叛亂，開啟三十年戰爭

1618年，由神聖羅馬帝國構成的波希米亞王國爆發叛亂，起因為反對斐迪南一世強制實施天主教，最後分裂成舊教派和新教派，進而引發內戰。叛亂在西班牙、荷蘭和法國等國的介入下，演變成三十年戰爭。

大坂之陣結束後，家康於一六一五年（元和元年）七月制定了三個重要禁令。

第一個政策是《武家諸法度》，這是個針對武家的制度，禁止大名建造新的城堡以及未經許可聯姻。頒布之後，違反者將會受到嚴厲的處分，例如轉封到地理條件惡劣的地方、大幅減封或是沒收領地等。在第二代將軍德川秀忠的時代，就沒收了四十一家大名的領地，第三代德川家光的時代則是四十九家，其中有許多都是外樣大名。沒有戰場，作為評價武力的賞賜制度消失，逐漸轉變成「武士不知道何謂戰爭」的時代。在不得不從戰鬥員走向官僚的過程中，無法適應「和平」社會的大名家族一個一個被淘汰。

第二個制度是《禁中並公家諸法度》。這個制度規定天皇應該先修習學問，再對外宣揚各種禁令。先前提到，德川家康建議依照幕府的推薦來授予官位，這部分也包含在這個法令中。有別於公家官職，武家官職另訂立新的制度。根據此法令，確立了朝廷、公家在幕府統治之下的新秩序。

第三個制度是《諸宗諸本山諸法度》，這是規定寺院秩序的制度。規定僧侶的任命方式、嚴格遵守僧侶階級、禁止庇護惡僧同夥、鼓勵儒學和禮儀、確立本寺和末寺的關係，並限制朝廷授予僧位、僧官的權力，阻止朝廷與寺院建立關係。

這三條禁令是構成「德川和平」的基礎，是德川家康完成了「織田信長和豐臣秀吉推動的三權門統一」的成果。

在幕末時期來到日本的普魯士（德國）外交官訝異地表示：「在日本這個國家，就連長矛的尖端和槍枝的槍口都得仔細地收在刀鞘和槍套中。」他也指出，有別於當時所有文明國家的人民普遍都有攜帶武器的習慣，日本幕府為了盡量避免這種危險的習慣帶來的問題，嚴格禁止將刀、槍等武器直接暴露在他人面前。外交官眼裡的江戶時代日常，可以說是「德川和平」達成的景色。

如果沒有織田信長的兵農分離政策、豐臣秀吉的《總無事令》和《刀狩令》，當然也就不可能會有這樣的景色。豐臣秀吉在一五八八年頒布的《刀狩令》在當時是用來統治農民的強硬政策之一。但隨著時間的推移，在江戶時代則是成為支撐「德川和平」的重要因素之一。

德川和平② —江戶幕府的貿易—

德川家康在外交上的敏銳度也相當卓越，他將貿易作為一項公共政策來考慮，並調整了與其他國家之間的流通管道。其中與朝鮮、中國以及荷蘭的貿易作為重要的收入來源，在設立江戶幕府後仍然受到重視。

因為萬曆朝鮮之役，日本、朝鮮之間留下難以癒合的傷口。德川家康希望重啟交易，但朝鮮當然不願意。於是，德川家康將這件事全權交給長年從事日朝交易的對馬（今長崎縣對馬市）宗氏來處理。在對馬宗氏不斷進行和平協商後，朝鮮抱持著半信半疑的心態，向日本派遣使節。直到一六〇九年，朝鮮國王同意與對馬宗氏簽訂《己酉條約》（又稱《慶長條約》），兩國的貿易才得以恢復。

在協商的過程中，宗氏經常做出越權的事情，例如偽造國書等。但德川政權默許了這些行為，因為德川家康真正的目標是明朝。無論如何，他都希望可以藉由朝鮮這個管道，恢復日本與明朝之間的貿易。然而，該計畫最後因為朝鮮使節拒絕參與而告吹。因此，只好將期望重新放在琉球王國（今沖繩縣、鹿兒島奄美群島）上。

琉球是與明朝締結君臣關係的藩屬國，戰國時代與九州島津氏關係密切。不過，島津氏在幕府許可下，於一六〇九年攻擊琉球，理由是島津氏將漂流到陸奧（今青森縣、岩手縣、宮城縣、福島縣、秋田縣東北部）的琉球船送回，但琉球王國卻沒派遣使節答謝。最後島津氏攻陷首里城（位於今沖繩縣那霸市），俘虜尚寧王，而幕府將琉球作為賞賜交給島津氏。

江戶幕府的朱印船貿易

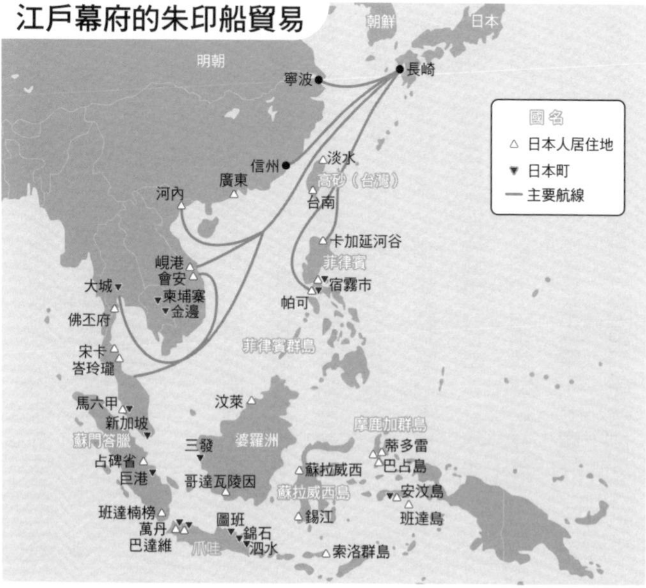

另外，同樣是在幕府統治下的地區，還有一個叫蝦夷地（今北海道）的地方。一六〇四年（慶長九年），幕府允許松前（北海道南部）藩主在蝦夷地進行貿易。松前藩從生活在該地的愛奴族那裡取得鯡魚、鮭魚和昆布等海產與毛皮、木材等，還透過他們獲得來自俄羅斯的貿易商品。

島津氏借助琉球國王這個管道積極協商，希望恢復日明貿易，但當時明朝正處於內亂狀態，拒絕恢復與日本的貿易。不過幕府在一六一〇年慷慨招待進入長崎的廣東商船，並承諾振興雙方的貿易，於是，南京和福建的商船開始藉此機會來到長崎。儘管沒有與王朝形成正式的貿易關係，仍然恢復了與明朝之間的通商。

同一時期，江戶幕府允許荷蘭船隻進行貿易，並在平戶（今長崎縣平戶市）建造商行，與荷蘭正式展開外交關係，此後，雙方的貿易一直持續到幕末。日本與荷蘭的貿易，始於十年前荷蘭船愛情號漂流到豐後（今大分縣）。愛情號船長英國人亞當斯（三浦按針）與航海士揚・約斯騰斯（耶揚子）在之後以德川家康外交顧問的身分，成為在日對外的窗口。荷蘭商行就是在積極對外交流時誕生的。

愛情號漂流到日本的第二年，德川家康開始推動朱印船貿易。在保障來日商船的安全後，要求離開日本的商船必須持有幕府正式承認的朱印狀，否則就禁止交易。德川政權在這個朱印船貿易中獨占了莫大的利益。

雖說如此，這並非是私利方面的「獨占」，是以穩定社會為目的的國家政策，藉由壟斷經濟和流通來抑制大名和商人這些有力者坐大，防止出現下克上和引起紛爭。不同於織田和豐臣政權因為下克上而瓦解，德川政權以萬無一失的制度創立了這個壟斷體制。這一嘗試成為江戶幕府建立「德川和平」的重要因素之一。

德川和平③ －三個時代的吉利支丹政策－

十六世紀末，隨著耶穌會聖方濟．沙勿略前來傳教，基督教正式傳播到日本社會中。也正是因為傳教的盛行，才可以在日本找到讓自治團體得以發展的土壤，例如經濟都市堺（今大阪府堺市）和宗教都市的石山（位於今大阪府大阪市）。

在傳教士及其所屬的國家中，也有一些人的目的是藉由將吉利支丹「十字軍」化，達到領國自治化，以此建立一個「基督教國家」。

織田信長的時代相當於是傳教士在日傳教活動的初期。織田信長對吉利支丹相當寬容，允許他們在京都和安土（今滋賀縣近江八幡市）設立傳教據點神學院。一般認為其用意可能是要讓包含神道教在內的各個宗教組織，維持相等的勢力。

與織田信長一樣，豐臣秀吉剛開始對傳教抱持著開放的態度，不過他卻在一五八七年頒布了《伴天連追放令》。這條命令允許繼續貿易，但禁止傳教，並將傳教士（伴天連）驅逐出境。之所以會頒布這個命令，首要原因是，九州的吉利支丹大名大村純忠將領國捐贈給耶穌會。其次是因為，當時在非洲、印度和東南亞進行人口販賣的葡萄牙商人，也會購買日本領民，並帶到南歐等各地。而耶穌會的傳教士發放奴隸貿易許可證，與他們相互勾結，當然必須驅逐出境。不過，正如第三章介紹的，這一驅逐令可以看做是豐臣秀吉自我神化，和基督教所謂的「一神論」的理念相互衝突的結果。

相較之下，在德川家康時代的禁教令中並沒有這樣的目的，主要是在全面防範吉利支丹勢力造反。他起初也是考慮到和舊教國家的貿易利益，對傳教抱持著寬容的態度。然而，德川家康卻在一六一二年（慶長十七年）頒布了一項嚴格的禁教令。其原因是，有愈來愈多人認為傳教會引發舊教國家的侵略，而且豐臣勢力中有許多吉利支丹大名，信徒總人數也增加到三十七萬人左右。此外，「岡本大八事件」也是一個很大的契機。德川家康的重臣本多正純的家臣岡本大八是吉利支丹大名，他被發現假意要為肥前（今佐賀縣、長崎

主要的吉利支丹大名

縣）大名有馬晴信增加領土，實則奪取對方的金錢和貴重物品；而同樣是吉利支丹大名的受害者有馬晴信也被發現計畫暗殺長崎奉行，最後兩人都遭到處刑。

許多信徒因為德川家康的禁教令而被處決，吉利支丹大名受到嚴厲的處分，例如沒收領地、放逐到國外等。德川家康之所以能夠下達如此殘酷的禁教令，都是多虧了出現新的貿易對象——荷蘭和英國。荷蘭和英國是商業主義的新教國家，貿易上並沒有涉及傳教。若是跟他們貿易，就算是與舊教國家斷絕關係也不會有所損失。也就是說，德川政權既可以獨占利益，又能夠避免國內出現紛爭的風險。此禁教令＝斷絕與舊教國家的貿易也是造就「德川和平」的一大重要因素。

德川和平④ —達成「和平」—

織田信長、豐臣秀吉、德川家康，這三位統一天下之人，試圖將武家、公家、寺社三權門統一，以實現「和平」。如果將戰國時代的主體想成「由分散成無數個的權力共同引起的自力救濟」，那為了鎮壓暴動，就必須否定這一點。三人的統一事業也許是一個考驗，要求他們不斷地尋找、集中分散在全國的的權力。

達成列島規模的「和平」可以看做是唯一完成這個考驗的人，也就是德川家康的成就。當然，江戶時代也有很多問題，例如限制自由貿易、隔絕海外資訊、根據身分制度所施加的限制等，都成了未來必須克服的課題。

但是戰勝約一世紀的戰國時代所達成的這個最終目標，「江戶社會」仍然非常寶貴。統治江戶社會的幕府為了不再回到戰國社會，建立強大穩固的政治、行政系統。作為中央政府的幕府編製出全國約兩百六十個的藩，並保障了約三千萬國民的工作和生計。而且還讓這三千萬國民學習共通學問儒學，使社會「文明化」，以文化和經濟的力量取代武力，豐富人民的生活。

在位於舊東海道本宿的松平家菩提寺法藏寺（位於今愛知縣岡崎市）裡，留有據說是竹千代（德川家康）在八歲時寫的書法。小手印旁的「武運長久」四個字飽含了一個幼童的願望和決心。或許德川家康早已看到贏得戰爭的終點「和平」。

年表

此年表可以搭配對照「戰國時代大事」與「世界大事」。

年代	戰國時代大事	世界大事
1467	・細川、山名氏之爭引發「應仁之亂」	・西班牙王國成立（1479）
1543	・歐洲槍械傳入種子島	・沙勿略將印度果阿作為傳教的據點（1542）
1549	・沙勿略來到日本並開始進行基督教傳教	・哥白尼發表地動說（1543）
1560	・織田信長在「桶狹間之戰」戰勝今川義元	・義大利戰爭結束（1559）
1568	・足利義昭與織田信長前往京都並成為征夷大將軍	・爆發法國宗教戰爭（1562）
	・織田信長將堺港納入領地並開始推動樂市樂座	・爆發荷蘭獨立戰爭（1568）
1570	・織田與淺井、朝倉爆發「姊川之戰」	・西班牙為了統治菲律賓而建設馬尼拉市（1571）
1571	・織田信長對比叡山延曆寺採取火攻	
1572	・武田信玄在「三方原之戰」戰勝織田信長	・西班牙、羅馬教宗、威尼斯的聯合艦隊在「勒班陀戰役」擊敗統治地中海的鄂圖曼帝國的艦隊（1571）
1573	・武田信玄逝世／足利義昭被驅逐出京都	
1574	・織田信長鎮壓淨土真宗信徒長島一向一揆	

1575	・織田信長在「長篠之戰」打敗武田勝賴
1576	・豐臣秀吉開始鎮壓毛利氏統治的中國地方
1580	・織田信長制服淨土真宗總本山石山本願寺
1582	・明智光秀發動「本能寺之變」，逼死織田信長
	・豐臣秀吉擊敗明智軍／召開清洲會議
1583	・豐臣秀吉在「賤岳之戰」打敗柴田勝家
1584	・德川家康在「小牧、長久手之戰」對抗豐臣秀吉
1587	・繼85年的紀州、四國，秀吉繼續攻打服九州
1590	・豐臣秀吉在「小田原之戰」消滅北條氏
1592	・豐臣秀吉開啟朝鮮侵略戰爭「文祿之役」
1597	・與朝鮮的協商破局，於「慶長之役」再度派兵
1598	・豐臣秀吉逝世，由五大老、五奉行制掌握實權
1600	・關原之戰由德川家康率領的東軍獲勝
1603	・德川家康成為征夷大將軍，開啟江戶幕府

・英國的德瑞克完成環遊世界一周（1580）
・西班牙併吞葡萄牙（1580）
・荷蘭獨立宣言（1581）
・伽利略發現「單擺的等時性原理」（1582）
・西班牙無敵艦隊敗給英國（1588）
・法國的亨利四世開創波旁王朝（1589）
・亨利四世承認一部分的信仰自由，並頒布南特詔書結束法國宗教戰爭（1598）
・英國設立東印度公司（1600）
・荷蘭設立東印度公司（1602）
・莎士比亞的《奧賽羅》在英國宮殿演出（1604）
・在美國設立第一個殖民地（1607）

参考文獻

『近世日本の勝者と敗者』大石 学（吉川弘文館）
『新しい江戸時代が見えてくる 「平和」と「文明化」の265年』大石 学（吉川弘文館）
『地図・年表・図解でみる日本の歴史』
武光誠／大石学／小林英夫（小学館）
『信長の天下布武への道』 谷口克広（吉川弘文館）
『豊臣秀吉』 小和田哲男（中央公論新社）
『定本　徳川家康』 本多隆成（吉川弘文館）
『【新版】 雑兵たちの戦場　中世の傭兵と奴隷狩り』
藤木久志（朝日新聞社）
『百姓から見た戦国大名』 黒田基樹（筑摩書房）
『享保改革の地域政策』 大石 学（吉川弘文館）
『秀吉の天下統一戦争』 小和田哲男（吉川弘文館）
『戦国誕生　中世日本が終焉するとき』 渡邊大門（講談社）
『日本神判史　盟神探湯・湯起請・鉄火起請』
清水克行（中央公論新社）
『地侍の魂』 柏 文彦（草思社）
『戦国大名　政策・統治・戦争』 黒田基樹（平凡社）
『江戸時代の設計者　異能の武将・藤堂高虎』
藤田達生（講談社）
「北条氏照領国の土豪：小田野氏と三沢十騎衆」
長谷川裕子（雑誌「多摩のあゆみ」掲載論文
財団法人たましん地域文化財団）
『朝廷の戦国時代　武家と公家の駆け引き』
神田裕理（吉川弘文館）
『天皇と天下人』 藤井讓治（講談社）
『〈豊臣秀吉と戦国時代〉 政権安定の秘策
大名配置の妙』 宮本義己（学研パブリッシング）
『織田信長の家臣団　派閥と人間関係』
和田裕弘（中央公論新社）
『織田信長合戦全録　桶狭間から本能寺まで』
谷口克広（中央公論新社）
『武器で読み解く日本史　弓、槍から日本刀、鉄砲、ゼロ戦まで』 山田 勝（PHP 研究所）
『地図と読む　現代語訳　信長公記』
太田牛一著　中川太古訳（KADOKAWA）
『増補　無縁・公界・楽』 網野善彦（平凡社）
『〈織田信長と戦国時代〉 覇業優先主義
信長の宗教政策』 二木謙一（学研パブリッシング）
『後醍醐天皇　南北朝動乱を彩った覇王』
森 茂暁（中央公論新社）
『北政所と淀殿　豊臣家を守ろうとした妻たち』
小和田哲男（吉川弘文館）
『考証　織田信長事典』 西ヶ谷恭弘（東京堂出版）
『足利義昭と織田信長　傀儡政権の虚像』
久野雅司（戎光祥出版）
『海外貿易から読む戦国時代』 武光 誠（PHP 研究所）
『淀殿　われ太閤の妻となりて』 福田千鶴（ミネルヴァ書房）
『戦国三姉妹　茶々・初・江の数奇な生涯』
小和田哲男（KADOKAWA）
『風雲児信長と悲運の女たち』 楠戸義昭（学研プラス）
『戦国の城を歩く』 千田嘉博（筑摩書房）
『城割の作法　一国一城への道程』
福田千鶴（吉川弘文館）
『信長の城』 千田嘉博（岩波書店）
『黄金文化と茶の湯　安土桃山時代』 中村修也（淡交社）
『日本の武器・甲冑全史』 戸部民夫（辰巳出版）
『シリーズ・実像に迫る009　松永久秀 』
金松 誠（戎光祥出版）
『信長と石山合戦　中世の信仰と一揆』
神田千里（吉川弘文館）
『信長の経済戦略　国盗りも天下統一もカネ次第』
大村大次郎（秀和システム）
『信長家臣明智光秀』 金子 拓（平凡社）
『物語　戦国を生きた女 101人』
「歴史読本」編集部（KADOKAWA／中経出版）
『影の戦士の真実を暴く　伊賀・甲賀 忍びの謎』
「歴史読本」編集部（KADOKAWA／中経出版）
『【絵解き】 雑兵足軽たちの戦い』
東郷 隆／著，上田 信／イラスト（講談社）
『合戦地図で読み解く戦国時代 』
榎本 秋（SBクリエイティブ）
『天下人を悩ませた異能の傭兵集団　雑賀衆・根来衆』
鈴木眞哉（学研プラス）
『秀吉の経済感覚　経済を武器とした天下人』
脇田 修（中央公論新社）
『シリーズ・実像に迫る017　清須会議
秀吉天下取りへの調略戦』 柴 裕之（戎光祥出版）
『戦国日本と大航海時代　秀吉・家康・政宗の外交戦略』
平川 新（中央公論新社）
『刀狩り　武器を封印した民衆』 藤木久志（岩波書店）
『バテレン追放令　16世紀の日欧対決』
安野眞幸（日本エディタースクール出版部）
『豊臣家臣団の系図』 菊地浩之（KADOKAWA）
『〈毛利輝元と戦国時代〉 三回あった天下取りの機会』
森本 繁（学研プラス）
『〈豊臣秀吉と戦国時代〉 荒武者!
秀吉軍団 賤ヶ岳七本槍と池田恒興』
渡辺 誠（学研プラス）
『戦国武将100選』 川口素生（リイド社）
『関ヶ原合　戦と石田三成』 矢部健太郎（吉川弘文館）
『戦国武将の実力　111人の通信簿』
小和田哲男（中央公論新社）
『文禄・慶長の役』 中野 等（吉川弘文館）
「徳川家康文書　総目録」 川島孝一編
（徳川林政史研究所ホームページ、2010年12月版）
『角川世界史辞典』 西川正雄他（KADOKAWA）
『詳説世界史研究』
木村靖二／岸本美緒／小松久男（山川出版社）
『地図でスッと頭に入る世界史』
昭文社出版編集部（昭文社）
『見て楽しい!　[オールカラー図解]　日本史＆世界史並列年表』 歴史の読み方研究会（PHP 研究所）
『図説　ヨーロッパの紋章』 浜本隆志（河出書房新社）
『伊達政宗と慶長遣欧使節』 高木一雄（聖母の騎士社）
『銀の世界史』 祝田秀全（筑摩書房）
『秀吉と海賊大名』 藤田達生（中央公論新社）
『歴群図解マスター 「銃」』 小林宏明（学研パブリッシング）
『新装版　戦国武将100　家紋・旗・馬印FILE』
大野信長（学研プラス）
『戦国水軍の興亡』 宇田川武久（平凡社）
『江戸の金山奉行　大久保長安の謎』
川上隆志（現代書館）

【監修】
大石學
1953年出生於日本東京都。日本東京學藝大學名譽教授、特任教授。
負責 NHK 大河劇《新選組！》、《篤姬》、《龍馬傳》及《八重之櫻》等的時代考證。
2009年成立時代考證學會並擔任該會會長。

編輯・構成／常松心平、一柳麻衣子（303BOOKS）、藤田千賀
裝幀・內文設計／倉科明敏（T デザイン室）
文字／藤田千賀
插畫／磯村仁穂
版型／竹村朋花（303BOOKS）

極簡日本戰國史

出　　版／楓樹林出版事業有限公司
地　　址／新北市板橋區信義路163巷3號10樓
郵政劃撥／19907596　楓書坊文化出版社
網　　址／www.maplebook.com.tw
電　　話／02-2957-6096
傳　　真／02-2957-6435
監　　修／大石學
翻　　譯／劉姍珊
責任編輯／王綺
內文排版／謝政龍
港澳經銷／泛華發行代理有限公司
定　　價／350元
出版日期／2022年11月

國家圖書館出版品預行編目資料

極簡日本戰國史 / 大石學監修 ; 劉姍珊譯. -- 初版. -- 新北市 : 楓樹林出版事業有限公司, 2022.11　面 ;　公分

ISBN 978-626-7108-90-1 (平裝)

1. 日本史 2. 戰國時代

731.254　　111014411